Christoph Mandl

Wiener Wohn-Sinn

Wiener Gemeindebau von den Anfängen bis zur Gegenwart

www.tredition.de

© 2016 Christoph Mandl

Verlag: tredition GmbH, Hamburg

ISBN
Paperback: 978-3-7345-1196-7
Hardcover: 978-3-7345-1197-4
e-Book: 978-3-7345-1198-1

Printed in Germany

INHALT

Hineinspaziert ins pralle Leben

Der Herr Paradeiser fällt mir immer als erstes ein, wenn ich an meine persönlichen Gemeindebau-Erinnerungen denke. Jedes Mal, wenn es an der Tür im Stockwerk unter uns wild metallisch raschelte, war mein Einsatz gefragt. Herr Paradeiser, dem wohl der liebe Gott höchstpersönlich diesen typisch wienerischen Namen ob seiner weithin leuchtenden knolligen Nase verliehen haben musste, kehrte durstgestillt nach Hause. Leider fehlte ihm, abgefüllt wie er dann war, jegliches Zielvermögen für das Bedienen seines Wohnungsschlüssels. Dazu aber hatte er ja mich, den guten Nachbarn von oben. Er quittierte meine Sperr-hilfe jedes Mal mit einem lallenden „Dankeschön".

Ober uns wohnte die blade, allein erziehende Frau Swoboda mit ihrer ebenso bladen Tochter. Die hellhörigen Decken und Wände ermöglichten es mir, schon in frühen Jahren Radio Niederöster-reich samt dessen bodenständiger Hitparade ausführlich kennen zu lernen. Leider aber bewegten sich die beiden Swobodas auch zwischen ihren Zimmern hin und her. Das erinnerte dann immer an schweres Möbelrücken.

Beide Erinnerungen sind verknüpft mit tiefer Dankbarkeit. Die Simmeringer Gemeindewohnung erlöste mich und meine damals noch sehr kleine Familie aus Zimmer-Küche-Altbau mit Außenklo und Innenkaltwasser im aufzuglosen vierten Stockwerk.

Luft, Licht und Sonne bedeutete die Übersiedlung, ein bisschen Grün, saubere Stiegen, eine Küche mit funktionierendem Gasherd und sogar ein Bad mit Wanne!

Diese sehr sehr persönlichen Erinnerungen an das Leben im Bau der 1970er sind wohl nichts gegen die Gefühle, die Wiener Menschen in den frühen Dreißigerjahren des vorigen Jahrhunderts hegten, als sie aus ihren feuchten Löchern und Baracken in neue, luft- und lichtdurchflutete Wohnungen übersiedeln durften.

Da ging es nicht um kleine Fragen des Komforts. Da ging es darum, ob der Nachwuchs in trockenen Räumen schlafen und so leichter der Lungentuberkulose entgehen konnte. Oder, dass man sich sein Bett

nicht mehr mit Fremden teilen musste: in den Wucher-Zinshäusern waren die Mieten so hoch, dass sogenannte Bett-geher gleichsam im Schichtbetrieb die Schlafstätten der Bewohner benutzten und dafür bezahlten.

Gemeindebau – das ist Ausdruck eines Lebensgefühls. Damals wie heute. Einmal mehr, einmal weniger, aber immer eine be-stimmte Wohnform, der mehr gemeinsam ist, als nur ein ge-meinsamer Hauseingang. Was die Gemeindebau-Erfinder – also die sozialdemokratischen Stadtväter und ArchitektInnen – durchaus im Sinne hatten.

Denn Gemeindebauleben bedeutete ihnen auch: organisiertes Leben, ein Sammeln der Kräfte des Proletariats, der einfachen Arbeiter und Bediensteten. Nicht von Ungefähr hatten viele Utopien gemeinsame neue Wohnformen als Grundlage, die auch zu neuem Leben und neuem sozialem Gefüge führen sollten.

Indizien dafür findet man auch heute noch jede Menge. Etwa das Einküchenhaus, das den Bewohnerinnen und Bewohnern die eigene Küche sparen und gemeinsame Essensversorgung gewähren sollte. Oder die alkoholfreie Gaststätte im Gemeindebau: Alkoholenthaltsamkeit war ein wichtiger Teil der Wiener Arbeiterkultur – und so suchte man auch, diese Abstinenz in eigenen Gaststätten zu leben.

Heute noch höchst anschaulich, präsent und aktiv: die zahlreichen Bibliotheken und Kindergärten, aber auch Arztordinationen, die die gute Infrastruktur der meisten Gemeindebauten ausmachen. Die berufstätigen Eltern hatten und haben nicht weit, ihre Kinder gut untergebracht zu wissen. „Daheim", sozusagen. Die Büchereien sind erfrischende Nahversorgungs-Kultureinrichtungen im Bau und gehen höchst geschickt auf ihr Publikum und dessen Wünsche ein.

Was die Wohnformen und Wohnversuche betrifft, so waren vor allem die Wiener Architekten des frühen 20. Jahrhunderts gefragt, ihre Kreativität zu beweisen. Anton Brenner etwa schuf seine „Wohnmaschine", seine Kollegin Margarethe Lihotzky brachte den arbeitenden Frauen – leider nicht (mehr) in Österreich, sondern in Deutschland und der Sowjetunion – die Frankfurter Küche.

Die Neugier und die Freude am Experiment sind auch heute wieder bei den städtisch geförderten Wohnhausanlagen spürbar. Radfahrer-Siedlung, Frauenstadt, Quartiers Verts, Generationenwohnen, Smart City Wohnen sind moderne Formen früherer Risikobereitschaft.

Wobei der große Unterschied beider Epochen nicht übersehen werden darf: trieb vor hundert Jahren der Wille zur revolutionären Veränderung (oder zumindest zu höchst rasanter Evolution) die städtischen Wohnhausbauer zum kommunalen Wohnbau und seinen Versuchsanordnungen, so ist es heute der eher realitätsnahe Glaube an eine sanfte Evolution hin zu einer offeneren, gerechteren und ökologischen Gesellschaft.

Als blutjunger Journalistikstudent durfte ich für eine angesehene Wiener Tageszeitung eine Seite füllen: „Ich möcht' da nimmer mehr weg" hieß die große Reportage über die damals, in den Siebzigerjahren, gebaute und besiedelte Großfeldsiedlung. Ausgestattet mit einer Menge eigener Überheblichkeit und den Vorurteilen der Alt-Redakteure, die mehr vom Schreibtisch denn aus eigener Anschauung manche Dinge beurteilten, machte ich mich auf, den Satelliten zu erkunden.

Tatsächlich fanden sich die von mir angepeilten Straßen auf keinem Stadtplan. Noch schlimmer war, dass auch die Taxler, an der Schnellbahnendstelle zur zielgenauen Beförderung angefragt, auch nicht weiter wussten. Als ich dann endlich am Ziel war, beschämten mich meine Interviewpartner. Darunter auch zwei mir befreundete Jungfamilien, die in die Siedlung gezogen waren. Sie hatten trockene Räume, günstige Mieten und viel Grün und Licht gesucht, auch für ihre gerade geborenen Kinder. Sie hatten das alles in der „GFS", wie die Großfeldsiedlung insiderisch genannt wurde, gefunden. Doch es waren nicht nur die beiden Freundesfamilien. Nahezu alle Befragten schlossen sich dem guten Befund an. So stieß ich Jungschreiber schon sehr früh an die Hürde, eine Reportage entgegen aller schlechten journalistischen Sitten tatsächlich völlig anders zu gestalten, als dies vorurteilshalber beabsichtigt war.

Diese Begebenheit prägte nicht nur mein späteres journalistisches Arbeiten und Denken – sie ließ mich künftig auch bei manchen Dingen sehr genau hinsehen.

Berliner Hof in Ottakring

Ob an der Peripherie oder in den Innenstadtbezirken, die prächtigen Gemeindebau-Hoffeste der Siebzigerjahre sind vorurteilslos Begegnungsakte gewesen, Manifestationen des Selbstbewusstseins derer im Bau, teils auch noch mit sehr politischen, sehr aufklärerischen Elementen in der guten Tradition der Geburtsstunde der Gemeindebauten.

Während man vielen Bauwerken und Denkmälern kritisch vorhält, „bloß Monumente" zu sein, ohne konkrete Lebensäußerungen, galt das bei den Gemeindebauten von Anfang an nie. Die Häuser, meist benannt nach großen PolitikerInnen, KünstlerInnen, WissenschafterInnen, später auch nach couragierten und selbstaufopfernden WiderstandskämpferInnen, boten immer auch Gelegenheit zur Erinnerung an große Persönlichkeiten. George Washington, Hugo Breitner, Anton Wildgans, Giacomo Matteotti, Alfons Petzold, Franz Jonas, Käthe Leichter, Joseph Madersperger und viele hunderte andere bleiben in Erinnerung, werden täglich wahr genommen, sind oft Teil der Heimatkunde oder politischen Bildung. Nicht selten sind die Gemeindebau-Namen auch sehr klare Statements für bewusste politische und menschliche Haltungen.

Als noch sehr junger Lokalreporter hatte ich einmal den Auftrag bekommen, über die feierliche Benennung einer Simmeringer

Gemeindebausiedlung zu schreiben, den damals neu errichteten Salvador Allende Hof. Im Gegensatz zu heute war damals der chilenische Präsident und Revolutionär, der der grausamen Militärdiktatur ein Ende gesetzt hatte, bei weitem nicht allgemein anerkannt. Neben erdfarbenen Rechtspolitikern gab es noch eine starke Minderheit in der Wiener Bevölkerung, die sich gegen die Benennung des Baus nach dem charismatischen Politiker aussprach.

Mein damals sicher nicht gering entwickelter journalistischer wie auch gesellschaftspolitischer Elan ließ mich in die Tasten greifen und zu einer Lobeshymne auf Allende und die Hofbenennung ausholen. Der nach Erscheinen entstandene redaktionsinterne Wirbel war nicht von schlechten Eltern und ich schrammte nur knapp an einem Hinauswurf vorbei.

Spätestens seit diesem Ereignis wurde mir bewusst, welch starke Kraft Symbole und symbolische Ereignisse und das Geben von Namen haben können.

Wiens Gemeindebauten prägten und prägen – und sollen auch in der Zukunft prägend sein.

Nicht nur gewesenes Proletariat und Rotes Wien. Nicht nur sozialnostalgisches Erinnerungsmaterial. Oder Austragungsorte von sozialen und herkunftsbedingten Spannungen. Heimstätte von Menschen, die an der sozialen Untergrenze kämpfen.

Gemeindebauten haben immer auch viele unterschiedliche Personen und Persönlichkeiten beherbergt. Künstlerinnen, Dichter, Schrulle, Genies. Ganz besonders aber soziale Menschen, die das Miteinander-Reden wie selbstverständlich gepflegt haben und heute immer noch pflegen.

Die Hausmeisterinnen und Hausmeister gehören zu diesen „Kommunikatoren", die weit mehr als nur Besenschwingen zu ihrer Mission zählen. Sehr viel Herz, sehr viel Witz, mitunter ein sehr guter Magen machen eine gute Hausmeisterin, einen guten Hausmeister, aus. Sie sind übrigens wieder im Kommen, und die Menschen im Gemeindebau freuen sich darauf, dass wieder „wer da" sein wird, der mehr darstellt, als eine Putzkraft.

Daher hat es schon seine Richtigkeit, wenn das Kapitel über Menschen hinter den Türschildern „Bau-Juwelen" heißt. Es sind Rohdiamanten und Juwelen. Künstlerische, kreative, fleißige,

prominente oder ganz versteckt lebende Menschen, die alle
dem Bau ihren Charakter und ihre Persönlichkeit leihen.

Der Gemeindebau ist in den vergangenen Jahren mehr und mehr
zu einer „Problemzone" der Stadtpolitik geworden.

Viel zu wenig wurde weitergesagt, welch hohes Potenzial an
sozialen, kreativen und humanen Werten im Gemeindebau nach
wie vor steckt. Wobei auch die negativen Seiten bzw. Entwicklungen nicht verschwiegen oder „schöngeredet" werden sollen.

Der Gemeindebau ist aber ganz besonders auch:

Ort, von dem aus sich (junge) Menschen in Ruhe und ohne allzu
hohe wirtschaftliche Belastungen weiter entwickeln können

Ort, der Begegnungen ermöglicht und Gemeinsamkeiten bietet

Ort, der Identität und Familiengefühl herstellen kann

Ort, an dem Geschichten und Geschichte geschrieben wurde

Ort, der das Selbstbewusstsein und das Rückgrat der Stadt bil-
det(e).

Gemeindebauten sind heute ganz besonders wieder: pralles Leben, Kultur hautnah und unvermutet. Das sind auch Kleinodien in Architektur und Menschlichkeit.

Zunehmend besinnen sich die Menschen des Lebensgefühls, das Gemeindebau ja auch bedeutet: Gemeinschaftsleben, nicht nur als Belastung, sondern als große Chance des Miteinander, wo es doch trotz Klimaerwärmung so kalt geworden ist.

Bau-Geschichte(n). Warum es so ist, wie es ist.

Verkehrte Idylle. Der Herr geht zielstrebig in die dunkle Hausein-
fahrt. Brandmayrgasse 27, Bezirk Margareten. Er zeigt auf ein
schon recht verwittertes, ehemals schwarzes, Holzbrett, das an
der Mauer der Durchfahrt mit inzwischen rostig gewordenen
Schrauben montiert worden war.

Eigentlich ist es ja die Stelle, an der in praktisch allen Gemeindebauten Jahreszahl der Errichtung, damals amtierender Bürgermeister und verantwortlicher Stadtrat sowie Architekt des Ge-
bäudes vermerkt sind.

„Dieser Bau ist der letzte, der vor der Naziherrschaft als Gemeindebau errichtet worden ist", sagt der heimatkundige Be-
zirksbewohner. Dort aber setzte sich der Ständestaat, Vorläufer
der Nazidiktatur in Österreich, auf den letzten vor der Hitlerzeit
errichteten Gemeindebau, und wollte seine zweifelhafte Größe
verewigen.

Wieder draußen, um die Ecke gegangen, zeigt der Bezirksvater auf das zwischen erstem und zweitem Stock gelegene Keramikbild: „Dort haben die Austrofaschisten eine Familie mit vier Kindern darstellen lassen", erklärt er. Das ursprüngliche „Kunstwerk" ist jedoch mit einer Plexiglashülle versehen, auf der in Spiegelschrift, also verkehrt, das Wort „Idylle" zu lesen ist.

Der blond-blauäugige Bub auf dem Keramikbild hatte ursprünglich einen Wimpel mit dem Hakenkreuz in Händen. Immerhin wurde dieses Naziemblem nach Ende der Schreckenszeit 1945 entfernt. Lange Zeit schien es jedoch niemanden zu stören, dass der Bub die Uniform der Hitlerjugend trug. So dauerte es bis ins 3. Jahrtausend, bis man sich dazu durchringen konnte, über die Lösung des Problems – Nazikunst auf dem Gemeindebau – nachzudenken. Richtigerweise wollte man die - wenn auch traurige und furchtbare – Geschichte nicht einfach ausradieren, was mit der Entfernung des Bildes ein Leichtes gewesen wäre.

So kam es zur Ausschreibung eines Wettbewerbes, 2002, aus der die Künstlerin Ulrike Lienbacher siegreich hervorging. Die geniale Idee, die Idylle der Nazifamilie einfach durch das verkehrt geschriebene Wort „Idylle" ad Absurdum zu führen, macht das Haus neben dem Wohnzweck zu einem wichtigen Denkmal.

Wohnen – früher wie heute ein gefühlsbetontes Thema. So ist jeder einzelne Wohnbau mehr als ein Haufen Steine. Er spiegelt sehr genau Menschen, Politik und Gesellschaft wider.

Nahezu seismografisch bringen Architektur, Ornamentik, Farbe und geografische Anlage das zum Ausdruck, was die Politik sagen wollte und sagen will. Oder auch: was sie sagen wollte, dann sagte, heute aber nicht mehr sagt und sogar vielleicht gar nicht mehr enthüllen will – wie die abgedeckte Bauherrntafel im Eingang der Brandmayergasse 27.

Es waren traurige Zeiten, die den Beginn des kommunalen Wohnbaus in Wien begleiteten. In der zweiten Hälfte des 19. Jahrhunderts bis zum Beginn des Ersten Weltkrieges, 1914, zogen viele Menschen aus den Ländern der Monarchie in die Hauptstadt. Wie bei jeder Bevölkerungsbewegung in eine Metropole waren auch in diesem Fall die Armut, die sozialen Probleme und die Hoffnung auf Arbeit und Besserung der persönlichen Verhältnisse Hauptgründe für den Zuzug. Zinskasernen entstanden, in denen Familien oft in ein einziges Zimmer gepfercht wurden.

Um 1910 zählte man in Wien etwas mehr als zwei Millionen EinwohnerInnen. Davon waren zwei Drittel Arbeiterinnen und Arbeiter. Sie schufteten sechs oder gar sieben Tage die Woche, hatten größte Schwierigkeiten, sich und die Familie zu ernähren, erst recht war es schwierig, menschenwürdig zu wohnen. Hoher Zins, finstere Zinshäuser mit oft einer Toilette pro Haus und einer einzigen Wasserentnahmestelle für mehrere Parteien.

Um sich die Mieten leisten zu können, nahm man noch Untermieter in der Küche oder, wenn vorhanden, in eine Kammer, auf. Oder die Familien boten den „Bettgehern" das Schlafen im Schichtbetrieb an: während einer in der Arbeit war, legte sich der andere ins freie Bett – und bezahlte natürlich auch dafür an den „Bettbesitzer".

Das raue Leben. „Meine Eltern bewohnten einen hölzernen Gartenpavillon, der zu einem uralten Wiener Haus in der Stadiongasse, jetzt Robert-Hammerling-Gasse, in Fünfhaus gehörte.

Gerade während meine Mutter sich in den ärgsten Wehen krümmte, brach infolge von Schadhaftigkeit eines Ofens im Pavillon Feuer aus. Sie musste aus dem brennenden Hause zu barmherzigen Nachbarn getragen werden, als sie eben einem Knaben das Leben geschenkt hatte. Es war zwölf Uhr mittags und Sonntag, da mein Dasein begann, und mein erster Weg ging durch fallende Blätter und blühende Astern...“

Diese Schilderung einer Geburt skizziert Armut und Wohnungsnot am Beginn der Jahrhundertwende. Und sie stammt von einem, der diese Not nicht nur selbst erlebt, sondern auch immer wieder treffend angeklagt hat. Alfons Petzold, Arbeiterdichter, beschrieb es in seinem autobiografischen Roman „Das raue Leben“. Die Wohnverhältnisse dieser Zeit waren schlimm, feuchte Mauern, zugige Löcher, nichts, was wir heute als „Wohnung“ bezeichnen würden. Petzold litt an Tuberkulose und starb, erst 40jährig.

Bienenstock. „Im Wiener Gemeindebezirk Landstraße, sieben Minuten Straßenbahnfahrt vom Ring, steht ein Zinshaus. Es hat zweihundertsechzehn Mietparteien, insgesamt mehr als tausend Bewohner. Man zählt dort etwa dreihundert Schulkinder. Es hat, obgleich es seine Mieter auf vier Stockwerke verteilt, nur einen einzigen Wasserhahn, und als hygienische Einrichtung hatte es, wenigstens vor einigen Jahren noch, eine eigene Totenkammer,

wohin die Verstorbenen gebracht werden mussten. Jeder Mieter hat hier nur ein Gelaß. Es ist ihm und seiner Familie Geburts- und Sterbestätte, Koch-, Speise-, Arbeits- und Schlafraum; es ist den Kindern Spielstube, Krankenzimmer, Lernraum, kurz ihre ganze Welt.

Jede Stube ist etwa zweieinhalb Meter breit, fünf Meter lang und drei Meter hoch. In ein Drittel der Stuben in die Hälfte aller, die im Parterre und im ersten Stock liegen, dringt nie ein Sonnenstrahl...Das Haus mit tausend Menschen – es heißt Zum Bienenstock – hat schon vor Jahren fünfundzwanzig Kinder gemordet, es mordet sie heute noch. Das Haus hat die Jahre hindurch Jahr für Jahr ein Reinerträgnis von 36 000 Kronen abgeworfen, und dieser Profit heiligt auch den Kindermord, wie er den Vater- und Muttermord heiligt..."

Eine von vielen grandiosen und erschütternden Reportagen, die der Journalist und Sozialwissenschafter Max Winter für die Arbeiterzeitung verfasste. Der zitierte Auszug stammt aus einem Bericht aus dem Jahre 1904.

1883 wurde ein Verein für Arbeiterhäuser gegründet, der aber nur 18 Einfamilienhäuser baute und damit nicht wirklich viel zur Problemlösung beitragen konnte. In der Nachfolge gründete Kaiser Franz Joseph I. die Jubiläumsstiftung für Volkswohnungen und Wohlfahrtseinrichtungen, diese hatte aber – ähnlich wie das „Städtische Versorgungsheim Lainz" mehr Prestigecharakter als tatsächliche nachhaltige Wirkung für das Proletariat.

1907 wurde eine Zentralstelle für Wohnungsreform in Österreich eingerichtet, 1910 ein Wohnfürsorgefonds. Diesen speiste man mit Geldern aus der Gebäudesteuer. Damit wurden bis 1918 rund 8000 Wohnungen gebaut.

In den Jahren 1910 und 1911 kam es erstmals zu Demonstrationen, bei denen Mieter und Obdachlose gegen die Wohnungsnot und die Wuchermieten protestierten. Diese Proteste wurden blutig niedergeschlagen. Man ließ daraufhin jedoch Notstandswohnungen errichten, um obdachlose Menschen unterzubringen.

In den folgenden Jahren entsteht eine richtiggehende Siedlerbewegung: arme Bewohner, die sich die Mieten nicht mehr leisten können, oder schon obdachlos sind, errichten in wilden Siedlungen auf Gründen der Stadt Wien kleine Häuser.

1919 finden in Österreich die ersten demokratischen Wahlen statt und die Sozialdemokraten erringen die Mehrheit. Der erste Wiener Bürgermeister in der jungen Republik wird der Sozialdemokrat Jakob Reumann. Damit wird auch der Weg frei für umfassende soziale Maßnahmen.

Das denkwürdige Jahr ist auch für den kommunalen Wohnhausbau in Wien ein Meilenstein: der erste Gemeindebau wird am Margaretengürtel 90-98 errichtet – der Metzleinstaler Hof.

Der erste Teil mit 101 Wohnungen wurde 1919-1920 errichtet. Der von Robert Kalesa entworfene Bau trägt noch die Züge der alten Zinshäuser, etwa die Aneinanderreihung von fünf einzelnen Häusern. Dennoch war schon dieser Bau eine wichtige Innovation. Tageslicht für die Küchen, statt der vorherrschenden Gangküchen. Der berühmte und vielen älteren Zeitgenossen noch in der Nase sitzende Kohlgeruch der Gründerzeithäuser, deren Küchen als einzige Fenster eben Gangfenster hatten, gehörte dort zumindest der Vergangenheit an. Überhaupt waren alle Räume direkt mit Tageslicht erleuchtet, die Wohnungen gruppierten sich zentral um den Stiegenaufgang.

Ganz herausragend und einmalig nach dem Gründerzeit-Grau waren jedoch die Gemeinschaftseinrichtungen: im Erdgeschoß der Kindergarten und eine zentrale Badeanstalt, am Dachboden eine Waschküche, Ateliers und Dachgärten. Das Konzept, die

Hausgemeinschaft an den Einrichtungen teilhaben zu lassen, wurde erstmals bahnbrechend in die Tat umgesetzt.

Der zweite Bauabschnitt des Metzleinstaler Hofes (benannt übrigens nach dem alten Namen Matzleinsdorfs) wurde vom Architekten Hubert Gessner entworfen und 1924 fertig gestellt, während der erste Teil mit seiner Gürtelfassade noch an die Gründerzeithäuser erinnert. Gessners Fronten sind feingliedrig, detailreich bis hin zu den farbigen Majolikareliefs.

„Tausendstundenhäuser": Siedlung Weissenböckstraße

1922 wurde Wien ein eigenständiges Bundesland und erlangte damit auch Steuerhoheit. Diese gemeinsam mit politischer Innovationsbereitschaft begünstigte den kommunalen Wohnbau

massiv. Mit einer nach oben hin zunehmenden Besteuerung von Grund- und Hauseigentum wurde es für private Hausbesitzer und Zinshausbauer immer weniger attraktiv, Wohnungen zu errichten und zu vermieten. Damit sanken auch die Grundstückspreise in Wien und die Gemeinde konnte eine riesige Zahl von Grundstücken günstig erwerben: Bis 1922 hatte sich innerhalb weniger Jahre der Grundbesitz der Stadt Wien von knapp mehr als 5.000 auf über 57.000 Hektar vermehrt.

Auch in der Bautätigkeit schauten die Stadtväter darauf, möglichst unabhängig von privaten Interessen zu sein: sie gründeten Bau- und Baustofffirmen und setzten die Verkehrsbetriebe als Transporteure von Baumaterialien ein.

Von unseren Großeltern war noch zu hören, dass vor allem des Nachts Tramwayzüge mit Ziegeln, Holz oder Sand beladen durch die Straßen quietschten. Die „Gütertram" taucht übrigens auch heutzutage immer wieder in Konzepten zur Verkehrsentlastung der Großstadt auf.

1923 wurde das erste Wiener Wohnbauprogramm beschlossen. Es sah den Bau von 25.000 neuen Wohnungen bis zum Jahr 1928 vor, doch schon 1926 war der Plan erfüllt. 1927 beschloss der

Gemeinderat daher bereits das zweite Wohnbauprogramm für 30.000 weitere Wohnungen.

Gegenwind. Das Wiener Wohnungs-Unwesen wurde also vom kommunalen sozialen Wohnbau abgelöst. Die Bevölkerung verband diese positive Entwicklung folgerichtig sehr stark mit der Sozialdemokratie. Daher war es auch fast logisch, dass bürgerlich-konservative Vertreter versuchten, das System des Gemeindebaus und die Bauten selbst möglichst negativ darzustellen. So schrieb man in Zeitungen sogar von angeblicher Einsturzgefahr von Gemeindebauten. Hauptzielscheibe der Kritik war aber über Jahre hinweg Hugo Breitner, Wiens sozialdemokratischer Finanzstadtrat. Dessen kreative Steuerideen hatten den kommunalen Wohnbau in dieser Form überhaupt erst möglich gemacht. Da gab es die

Dienstbotensteuer (eingehoben pro Diener oder Dienstmagd in den Haushalten), die Sektsteuer auf luxuriöse Getränke, und viele andere sehr auf Umverteilung abzielende Steuern und Abgaben. Breitner war bis zu seinem Rücktritt 1932 wildesten Kampagnen und Beschimpfungen durch die Bürgerlich-

Konservativen ausgesetzt. Im Jahr 1929, zur Zeit der Weltwirtschaftskrise, reformierte die konservative Bundesregierung zusätzlich auch noch den Finanzausgleich nach ihren Konzepten. Das bedeutete für Wien wesentlich weniger Eigenständigkeit, auch was die Entscheidungen über kommunale Wohnprojekte betraf.

Der Finanzausgleich und die Diskussion rund um ihn haben sich übrigens bis heute gehalten. Es geht dabei um die gerechte Verteilung von Einnahmen des Bundes an die einzelnen Bundesländer. Wobei etwa darauf Bedacht genommen wird, in welchem Land beispielsweise hohe medizinische Aufwendungen auch für BewohnerInnen anderer Länder getätigt werden (Wien zum Beispiel ringt immer wieder um höhere Mittel in der

Krankenversorgung, da die Kliniken und Spezialambulanzen von PatientInnen aus nahezu allen Bundesländern mit genützt werden).

Bis 1934, der Machtübernahme der Austrofaschisten, konnte Wien - zuletzt gebremst und eingeschränkt - immerhin insgesamt knapp 65.000 Gemeindewohnungen errichten.

1927 – ein denkwürdiges Jahr für die Wiener Arbeiterschaft und die Sozialdemokratie. Es kam zu Demonstrationen, die im Brand des Justizpalastes gipfelten. Im selben Jahr wurde aber auch mit dem Bau des Karl-Marx-Hofes begonnen, den man drei Jahre später besiedeln konnte. Der Bau galt – und gilt noch heute in Architektur- und Politikvorlesungen – als das „Bollwerk der Arbeiterschaft" schlechthin.

Der Karl-Marx-Hof, entstanden nach Plänen des Architekten Karl Ehn, ist nicht die älteste und auch nicht größte, aber die längste Wohnhausanlage dieser Epoche. Darin wurde neben den sozialen Gemeinschaftseinrichtungen auch der Festungscharakter architektonisch stark betont. Ein Übriges zur Mythologisierung des Karl-Marx-Hofes leistete auch dessen Standort: im Villen- und Reichenbezirk Döbling, zwar nicht in teuerster, aber doch in guter Randlage, baute man Wohnungen für die sozial Niedrigsten, die Arbeiter. Ein Skandal in den Augen der Konservativen!

Große Anlagen entstanden in der Folge: der Rabenhof in Erdberg, der Karl-Seitz-Hof in Jedlesee (Floridsdorf), der George-Washington-Hof an der Favoritner Triester Straße, der Goethehof in Kaisermühlen: allesamt Bauwerke mit jeweils knapp unter oder sogar mehr als tausend Wohnungen.

Mit der erneuten Neuregelung des Finanzausgleiches 1931 wurde die wirtschaftliche Situation Wiens noch enger und die Stadt konnte keine Gemeindewohnungen mehr bauen.

Als (untauglicher) Ausweg aus der Arbeitslosigkeit und Wohnungsnot verordnete das Sozialministerium 1932 Richtlinien zur Anlage von Randsiedlungen. Dort durften Mieter neben ihren Baracken und Häuschen auch kleine Felder bebauen und so ihr spärliches Dasein fristen. Man gab diese Möglichkeit auf Abruf – um so eine jederzeit aufstellbare Arbeitskraftreserve zu haben. In ganz Österreich brachte diese Maßnahme rund 5.400 Siedlerplätze, in Wien bildeten sich die Stadtrandsiedlungen Leopoldau, Breitenlee, Aspern und Hirschstetten Die „Tausend-Stunden-Häuser" (u.a. in Simmerings Weißenböcksiedlung) beruhten auf dem Prinzip, dass die künftigen Mieter tausend Stunden eigene Bauleistung zu erbringen hatten.

Kübelsiedlung. Ein klar-kalter Herbsttag – die Weißenböcksiedlung, kurz vor den Mauern des Wiener Zentralfriedhofes, ist in dieses bunt-weiße Licht getaucht und muss sich gar nicht durch Blumenorgien, Gartenzwergdekors und – noch – saftiges Rasengrün hervortun.

Ich läute bei Zabinsky, eine rüstige Achtzigerin kommt mir zum Gartentürchen entgegen. Heinrich Zabinsky, der Gatte, hat sich hinter dem Haus in die Blumenbeete hineingearbeitet und muss erst gerufen werden. Er ist in den Neunzigern.

Das Häuschen ist schmuck und mit allem eingerichtet, was man braucht. Zabinsky, viele Jahre Bezirksrat in Simmering und im Hauptberuf Baupolizist, gehört hier her, seit vierzig Jahren lebt er mit seiner Frau in der Weißenböcksiedlung, die ersten zwanzig Jahre waren auch noch die Kinder mit dabei.

Stolz zeigt er mir den Hauptgarten hinter dem Haus. „Kübelsiedlung haben sie es genannt", erinnert er sich. Und das hatte einen
einfachen Grund. Die als Dienstwohnungen für Stadtwerkeange-
stellte geplanten Häuschen wurden anfangs, 1924, mit Senkgruben im Garten ausgestattet. „Die meisten haben mit Kübeln ihr
Klo dann in diese Senkgruben ausgeleert", erzählen die Zabinskys. Der unglaubliche neunzig Lenze zählende Herr Zabinsky
stochert in eine gemauerte, mit Brettern abgedeckte, Versen-
kung. „Das war die Senkgrube". Heute erzeugt er darin Kompost.

„Wenn damals einer mit seinem Nachbarn Streit hatte, dann hat
er den Kübel genau zu dem Zeitpunkt hinaus getragen, wenn der
Nachbar Besuch hatte", lacht Herma S., bei der Zabinsky und der
Autor Station machen.

Sie war zum Zeitpunkt unseres Besuches achtzig Jahre alt und
1929 praktisch in ihr Elternhaus „hinein geboren". Ihr Gatte holt
den Mietvertrag, ausgestellt auf den Schwiegervater, anno 1924.
Und erstmals halten wir es schwarz auf weiß in Händen: Vierzig
Prozent der Arbeitsleistung mussten die zukünftigen Mieter
selbst Hand an ihre Siedlung anlegen. Was keine tausend, sondern tausendsiebenhundert Stunden Arbeit ergab. „Gearbeitet
wurde nicht am eigenen zukünftigen Objekt, sondern nach Ein-

teilung der Bauleitung. „Und natürlich hat jeder beim Nachbarn geholfen oder gepfuscht", weiß Frau Schön noch aus den Erzählungen ihrer Eltern. Wer die Arbeit selbst nicht leisten konnte, musste in den (damals ja meist leeren) Säckel greifen und einen anständigen Geldbetrag erlegen.

Das Versprechen der Bauherren, die Siedler später zu Eigentümern zu machen, scheiterte übrigens wiederum an der Küblerei: „Die Gemeinde sagte uns in den Fünfzigerjahren, wir könnten wohl die Häuser haben, müssten aber die Kläranlage bezahlen", erinnert sich Heinrich Schön, 83. Damit war der bei manchen heiße Wunsch nach Eigentum sehr schnell erkaltet.

Dass die Weißenböcksiedlung, wie viele andere dieses Konzeptes auch, sehr stark auf Existenz sichernde Einrichtungen und Unabhängigkeit angelegt war, zeigen nicht nur der früher vorhandene „Konsum"-Laden und ein Kindergarten. Auch die planmäßige Anlage eines Stalles pro Haus weist darauf hin. Bei den Zabinskys ist aus diesem Stall im Lauf der Jahrzehnte ein veritabler Mehrzweckraum, Bestandteil des Hauses, geworden. „Ziegen, Hendeln und Hasen haben wir gehalten", erinnern sich die heute so rüstigen MieterInnen. Und dies freilich nicht ob deren haustierartiger Putzig-, sondern wegen deren Nahrhaftigkeit.

Experimentierfreudig. Ein Beispiel für die Experimentierfreudigkeit und Offenheit gegenüber architektonischen und siedlerischen Formen der Zwanzigerjahre war die Werkbundsiedlung, die erst 1932 eröffnet wurde. Damals bereits prominente, aber auch noch unbekannte Architekten wie Josef Frank, Gerrit Rietveld, Karl Ehn, Gottlieb Michal, Adolf Loos bis Grete Lihotzky brachten ihre Vorstellungen vom Siedlungsbau ein.

1933 fand die Ausschaltung des Parlaments statt, das autoritäre austrofaschistische Regime übernahm die Macht. Sozusagen in letzter Minute wurde noch die Wohnhausanlage Friedrich-Engels-Platz eröffnet. Mit mehr als 1400 Wohneinheiten zählt sie zu den größten Wiens.

1934, im Jahr des Bürgerkrieges, des Nazi-Putschversuches, und der Ermordung des Ständestaat-Bundeskanzlers Engelbert Dollfuß, zählte man in Wien 61.175 Wohnungen in 348 Gemeindebauten sowie 42 Siedlungen mit 5.227 Wohnhäusern und 2.155 Geschäftslokalen.

1938 übernehmen die Nazis unter Hitler die Macht. Der Karl-Marx-Hof wird in Heiligenstädter Hof umbenannt, von den 60.000 im Jahr 1939 versprochenen Wohnungen bleiben knapp 3.000, die während der gesamten Naziära neu gebaut werden. Das größte davon, mit 500 Wohnungen, ist die Wienerfeldsiedlung in Favoriten, die ab 1941 gebaut wird.

Statt ernsthaft aufzubauen, wird den jüdischen MitbewohnerInnen der Mieterschutz entzogen, 70.000 Wohnungen werden solcherart enteignet.

1938 bis 1945 werden Teile Wiens – wie ganz Europas – durch die Kriegshandlungen in Schutt und Asche gelegt. Von 706.000 Wohnungen sind 86.875 unbewohnbar, 35.000 Menschen sind obdachlos.

1945 bildet sich wieder eine Wiener Stadtverwaltung unter dem Sozialdemokraten Theodor Körner, im selben Jahr wird die Unabhängigkeit Österreichs ausgerufen. Für den Wiederaufbau fehlt es an Allem: fachkundige Arbeiter, Baumaterial, Geld.

Doch aus den Trümmern wuchsen dennoch neue Wohnungen. Der erste Bau, der 1947 begonnen wurde, war die Per-Albin-Hansson-Siedlung West. Als Baumaterial verwendete man Ziegelschuttbeton aus den Halden zerbombter Häuser. Ohne Hilfe der schwedischen Regierung, deren Ministerpräsident auch Namensträger der

Siedlungen wurde, hätte dieser Bau lange nicht verwirklicht werden können. Zwei schwedische Maschinenanlagen zur Ziegelherstellung können importiert und in Betrieb genommen werden, da es ja auch an den Produktionsmitteln zum Bauen mangelte.

1947 gipfelten Hunger, Wohnungsnot und Elend in einer Hungerdemonstration der Wiener Arbeiter. 1949 wird der erste große Gemeindebau, der Hugo-Breitner-Hof in Penzing eröffnet. 1959 gab es 55.248 Wohnungssuchende. Die Stadtpolitik entschloss sich zu einem Schnellbauprogramm, bei dem sogenannte Duplex-Wohnungen errichtet wurden:

Kleinwohnungen, die später zu größeren Einheiten zusammengelegt werden konnten. Wieder ein Beispiel, wie erfinderisch höchste (Wohnungs-)Not eine an den sozial Schwachen ausgerichtete Politik machen kann.

Werkbundsiedlung, Hietzing

Emmentaler. Baugrund war knapp. Daher entstanden in der Nachkriegszeit ziemlich hohe Bauten mit ziemlich glatter Fassade, abschätzig „Emmentalerbauten" genannt. 1950 bis 1970 wurde teils in Fertigteil-Plattenbauweise 96.000 Wohnungen gebaut. Ein markantes Beispiel für diese Bauart und diese Epoche ist die ab 1965 errichtete Großfeldsiedlung.

Diese Anlage, ebenso wie die Per Albin Hansson Siedlung Ost und die Siedlung Am Schöpfwerk waren noch in der Ideologie der Zwanzigerjahre konzipiert worden. Mit vielen Gemeinschaftseinrichtungen, dem Charakter dörflicher Strukturen, wollten Planer und Politiker wieder politische und soziale Stellung beziehen. Die Einheitlichkeit der Arbeitnehmerschaft (auch wenn sich diese nicht mehr als Proletariat bezeichnen ließ) sollte betont, das Gemeinsame hervorheben.

Leider sprachen zwei Entwicklungen gegen diese Restauration sozialdemokratischer Lebensweisen: das Wirtschaftswunder, das Österreich Dank der politischen Entscheidungen der Großmächte und des allgemeinen Nachkriegsfleißes ereilte, und die Individualisierung der Familien. Diese suchten nach langen Jahren des Krieges und Terrors durch die Nazis das Private, hatten genug von Politik jeder Richtung, wollten Orchideen züchten statt Kampfgeist zeigen. Verschärfend kam noch hinzu, dass die Großanlagen wegen der neuen Strukturen in ihren Einrichtungen völlig überfordert wurden.

Ging es früher in der Arbeiterklasse, also der Mehrheit der Bevölkerung, entwicklungsbedingt übergangslos vom Kind zum Erwachsenen, so bildete sich in der Nachkriegszeit erstmals so etwas wie „Jugend" heraus, die in ihren pubertären Ansprüchen und Verhaltensweisen nicht in die Ordnungsschemata solcher Anlagen zu passen schienen und für Konflikte sorgten. Dazu hinkte die Verkehrsinfrastruktur dem Hochbau nach: lange, nachdem Wohnblöcke weit draußen besiedelt wurden, näherte sich eine neue Straßenbahnlinie der Satellitenstadt.

1954 wurde der Grundstein zur 100.000. Gemeindewohnung gelegt. Gleichzeitig feierte man die 25.000 Gemeindewohnung seit 1945. 1957 eröffnete man das Matzleinsdorfer Hochhaus mit 108 Wohnungen. Eine doppelte Premiere: erstens war es das erste im kommunalen Wohnbau errichtete (20stöckige) Hochhaus, zweitens auch der erste kommunale Bau mit Zentralheizung und Müllschluckeranlage.

Während in den Sechzigerjahren unglaublich viel gebaut wird, entstehen zahlreiche Reformen im Förderungswesen, 1968 eine der wichtigsten. Die Wohnbauförderungen werden in einem neuen Förderungsgesetz vereinheitlicht, zusätzlich wird der Wiener Wohnbaufonds eingerichtet. Und erstmals wird die Leistung von Eigenmitteln beim Bezug einer Gemeindewohnung verlangt.

Mit dem Stadterneuerungsgesetz 1974 wendet man sich erstmals wieder Bauwerken im innerstädtischen Bereich und der Reparatur und Sanierung alter Bausubstanz, sowie der kleinräumigeren Lückenbebauung zu. Man hatte erkannt, dass neben dem Neubau auf Stadterweiterungsgebieten diese Strategie zur Belebung kleiner Handwerksbetriebe und Gewerbe beiträgt, aber auch die Verödung der inneren Stadtviertel verhindern hilft. Ende der Achtzigerjahre wird die Sanierung der großen Höfe – wie Karl-Marx-Hof, Goethehof u.a. – in Angriff genommen.

1984 wird der Wiener Stadterneuerungs- und Bodenbereitstellungsfonds gegründet. Um vor allem in den alten und renovierungsbedürftigen Vierteln Kontaktpersonen und kompetente AnsprechpartnerInnen für die Bevölkerung zu bieten, wird die Gebietsbetreuung eingerichtet.

Durch die allmähliche Entspannung der Wohnungsnot können auch neue Ideen und Experimente gefördert werden. So wird 1985 das vom Maler Friedensreich Hundertwasser geplante

Gemeindewohnhaus in Erdberg eröffnet und in der Folge ein Projekt des Malers Arik Brauer auf der Gumpendorfer Straße in Mariahilf. Seit langem gönnt man sich wieder den „Luxus" einer Kunst- und Kulturdebatte, auch wenn kritisiert wird, dass es weniger um Architektur denn um plakative Ornamentik gehe.

Im letzten Jahrzehnt des vergangenen Jahrhunderts werden Siedlungen und Bauten mit besonderen Schwerpunkten geschaffen. Auch diese Themensetzung ist gesellschaftspolitisch motiviert, etwa in der Emanzipation der Frau, der neuen Einstellung zur Mobilität und vor allem im Klima- und Umweltschutz.

Beispiele dafür sind u.a. die Siedlung „Sun City", die zu 40 Prozent mit Solarenergie versorgt wird, „Satzingerweg", wo interkulturelles Wohnen verwirklicht wird, die „Frauen-Werk-Stadt"

Carminweg, die Thermensiedlung Oberlaa mit Regenwassernutzung und Einsatz von Thermen-Abwärme.

Stark diskutiert und schließlich durchgesetzt wird die Öffnung der Gemeindebauten für AusländerInnen zu Beginn des neuen Jahrtausends.

2001 wird die Donaucity fertig, die neben vielen anderen Einrichtungen auch tausend Wohnungen beherbergt. Dank öffentlicher Wohnbauförderung soll das Wohnen in dieser exklusiven Lage auch für BezieherInnen durchschnittlicher Einkommen leistbar sein – auch dies ein gesellschaftspolitisches Statement, dass der soziale Wohnungsbau nach wie vor hohen Stellenwert in der Bundeshauptstadt besitzt.

Die Siedlungen Am Leberberg in Simmering und am Wienerberg in Favoriten, die „Hofbauergründe" in der Brigittenau und viele andere sind weitere sichtbare Zeichen dafür, dass auch im 3. Jahrtausend der soziale Wohnbau höchste Bedeutung hat.

2002 wurde das Wohnrecht auf Lebenszeit auch auf LebensgefährtInnen, unabhängig von deren sexueller Orientierung, ausgeweitet.

Ende des ersten Jahrzehnts des dritten Jahrtausends wohnt jede/r vierte BewohnerIn Wiens in einem Gemeindebau. Mit 220.000 Gemeindewohnungen wurde die Stadt Wien zur größten Wohnhausverwaltung in ganz Europa. Im dritten Jahrtausend begann sich die Gemeinde als Bauherr zurück zu ziehen. 2004 entstand in Liesing der „letzte klassische" Gemeindebau.

Durch die Wohnbauförderung nimmt sie jedoch weiterhin starken Einfluss auf den sozialen und gesellschaftlichen Trend im nunmehr genossenschaftlichen Wohnbau

Um das Gespräch und das Miteinander in Gemeindewohnhäusern zu fördern und Konflikte oder Missverständnisse zwischen den MieterInnen zu beseitigen, wird 2008 die Gebietsbetreuung für Gemeindebauten geschaffen, die jeweils in Einheiten für mehrere Bezirke je nach deren Größe und Gemeindebaudichte da sind.

Gegen das Vergessen. Alte Geschichten, aber man sollte sie immer wieder nachlesen, damit nicht Vergessen einkehrt und damit Gleichgültigkeit und Rückschritt.

Bruno Frei, 1897 -1988, Journalist, Redakteur und später Chefredakteur des Abend, Sozialist, später Kommunist, mit abenteuerlichem Lebensweg, berichtete 1919 in den „Skizzen vom

Untergange" über die Jagd nach Brennholz, um die dunklen Stuben ein wenig wärmen zu können (aus: „Der Abend", Wien).

„...Regennasse Nacht. In der großen Abfahrtshalle des Westbahnhofes stauen sich die Holzfäller. In lumpigen Soldatenröcken die Männer, in fadenscheinigen Stoffblusen die Weiber. Alle tragen unter dem Arm einen zusammengeknüllten Sack, manche schwingen eine Säge oder eine Axt. Man sieht auch viele, deren Beruf leicht erkenntlich ist: dienstfreie Straßenbahner, Postbedienstete – und Schulkinder. Den Kopf vornübergebeugt, den Blusenkragen aufgestellt, die Hände in den Tiefen der Fetzen vergraben, stehen sie da – eine Armee von Sträflingen, zerrissen, klotzig, kotig, mit zusammengebissenen Lippen, unheimlich schweigend, und warten auf Einlass. Sträflinge ihrer Schwachheit, beugen sie demütig den Nacken, willig auf sich zu nehmen die Last, die zu tragen man ihnen mit einem Fußtritt gestattet. Der Zug, bis auf die untersten Trittbretter überfüllt, fährt schwerfällig aus der Nacht in die Nacht. In Penzing wird er von einer zweiten Armee gestürmt, die sich, man weiß nicht wie, mit der ersten mengt...Es können doch nicht wirkliche Menschen sein, die sich in diesen Todeskampf stürzen – um mit einer Handvoll Holz glückstrahlend heimzukehren?"

Geschichte und Geschichten

begleiten und geleiten den Gemeindebau. Tragisch, wie die Sozialreportagen und Prosastücke von Max Winter, Alfons Petzold und vielen anderen. Neuzeitlich komisch-bitter-satirisch, aber auch sehr lebensnah –

wie die genialen Stücke Ernst Hinterbergers, verfilmt im „Kaisermühlen Blues", der den Gemeindebau Am Kaisermühlendamm zum Hauptschauplatz erwählt hatte. Oder Leopold Lummersdorfer, der 1996 einen Dokumentarfilm in der damals als Schlafstadt abgetanen Trabrennsiedlung im 22. Bezirk drehte und mit seinem Filmteam sogar eine Zeitlang dort wohnte. Oder zuletzt, 2009, die TV-Serie „Die Lottosieger", die ebenfalls in der großen Gemeindewohnhausanlage spielt.

Neben zeitgeschichtlichen Dokumenten ranken sich auch zahlreiche Mythen und Märchen um viele Wiener Gemeindebauten. So nennt sich das Haus Rechte Wienzeile 71 in Margareten „Zum Wassermännlein". Unter dem Relief des Wassermannes, findet sich eine kurz gefasste Geschichte an der Fassade über dem

Hofeingang: vom Männlein, das unter dem Wienfluss wohnte und die Menschen ins Wasser zu ziehen versuchte.

Oder moderne Mythen, wie man sie sich an der Anlage Trabrenngründe in Wien-Donaustadt immer wieder erzählt. So soll eine Mieterin an einem der benachbarten Balkone ein Pferd gesichtet haben. Und einem anderen Bewohner ist im Hausflur eines höheren Stockwerks ein Moped entgegen gekommen. Beide Meldungen, zunächst als Spinnerei abgetan, erwiesen sich nach genaueren Recherchen tatsächlich als wahr.

Weniger „märchenhaft" waren die notorischen Diskussionen darüber, wer eine Gemeindewohnung bewohnen dürfte. Im

Schussfeld standen natürlich vor allem PolitikerInnen, besonders jene aus der Wiener Kommunalpolitik. Blieben sie im Lauf ihrer politischen Karriere im Gemeindebau – wo sie oft schon geboren und aufgewachsen waren – wohnen, hatten sie nicht selten die Nachrede, „Privilegienritter" zu sein, die den wirklich Bedürftigen den sozialen Wohnraum wegnehmen. Zogen sie in Häuser am Stadtrand oder in teurere Eigentumswohnungen, wurden sie gerne als „Bonzen" diffamiert, die sich „vom Volk immer weiter entfernten". In vielen Fällen jedoch waren lokale PolitikerInnen im Gemeindebau ein Segen, denn wo sonst war es so rasch möglich, mit seinen Anliegen direkt bei seinem Mandatar, also Nachbarn, vorbei zu schauen!

Berühmt für seine Bürgernähe in Zeiten, wo man diese noch nicht einmal als Schlagwort kannte, war der langjährige Alsergrunder Bezirksvorsteher Karl Schmiedbauer (+2009). Er wohnte lang vor Beginn seiner politischen Karriere mit seiner Familie in einer Gemeindewohnung im Lichtental, wo das pralle Leben mit all seinen Höhen und Tiefen sekündlich spürbar war. Und niemand, der ihn daheim, an der Wohnungstür, oder im Bau anredete, wurde von ihm weggeschickt. Das reichte soweit, dass seine geliebte Frau Hermi öfter darüber klagte, kein Auge zutun zu können, weil die Interventionen beim Vorsteher weder vor der Wohnungstür noch vor der Nachtruhe Halt machten.

Etliche Gemeindebauten waren in den Augen der Bevölkerung richtige „Bonzensiedlungen". Gemeint waren jedoch sehr oft solche Wohnungen, die wegen der hohen Baukostenbeteiligung nur von einem eher kleinen Kreis gemietet werden konnten.

Eine solche „Bonzenburg" war das Matzleinsdorfer Hochhaus. In dem im wahrsten Sinne herausragenden Bau wohnten unter anderem immer wieder Regierungsmitglieder, aber auch Schauspieler und Medienpersönlichkeiten. Selbst dem legendären „Burg- und Oper"- Moderator, Rundfunk- und TV-Journalisten Heinz Fischer-Karwin, dem man gerne Arroganz und Abgehobenheit nachsagte, war das Hochhaus jahrzehntelang zur Heimat geworden.

Große Ehre, große Namen. Die Namensgebung für die Wiener Gemeindebauten spiegelt ganz deutlich die jeweilige Epoche, in der sie entstanden sind, wider. So war es in den Zwanziger Jahren des 20. Jahrhunderts völlig klar, dass ein großer Hof nach Karl Marx, ein weiterer nach Friedrich Engels, benannt werden sollte. Eine Entscheidung, die heutzutage angesichts der undifferenzierten Beurteilung der Wurzeln des Sozialismus wohl kaum mehr durchzubringen wäre.

Es waren in den meisten Fällen Persönlichkeiten, die für Humanismus und Aufklärung, sozialen Fortschritt und menschengerechte Forschung standen, die in den Genuss eines „Gemeindebaunamens" kamen. Sigmund Freud zählte dazu, Schwedens Ministerpräsident und Helfer in der Nachkriegsnot, Per Albin

Hansson, Hugo Breitner, Otto Glöckel, Johann Wolfgang von Goethe, Joseph Haydn, George Washington, der Widerstandskämpfer Matthias Gall, die Frauenpolitikerin Adelheid Popp, um nur einige Beispiele zu nennen.

Die Nazis wussten in ihrer zynisch-perfekten Inszenierung von der Wichtigkeit, den Dingen „richtige" Namen zu geben oder ihnen die angestammten Namen wegzunehmen. Daher benannten sie nicht nur Bauwerke wie die „Friedensbrücke" in „Siegesbrücke" um, sondern auch zahlreiche Gemeindebauten. Etwa den Matteottihof, benannt nach dem italienischen Sozialisten und Antifaschisten Giacomo Matteotti. Dieser wurde schon unter den Austrofaschisten durch Giordani, einen italienischen Faschisten, „ersetzt".

Natürlich konnte man auch nicht zulassen, dass der Karl-Marx-Hof diesen Namen behielt. Wenn man ihn schon nicht erfolgreich durch Beschuss in seinen Grundfesten ruinieren konnte, so nahm man ihm wenigstens den Namen und gab ihm die unverfängliche Bezeichnung „Heiligenstädter Hof". Nach dem zweiten

Weltkrieg setzte die Stadt bei der Namensgebung auch immer wieder außenpolitische Signale. So beim Berliner Hof, der in Anwesenheit des Berliner Bürgermeisters und späteren deutschen Bundeskanzlers Willy Brandt im Jahr 1960 eröffnet wurde. An der Erinnerungstafel das Motiv für die Benennung: „Diese Wohnhausanlage...wurde zu Ehren der Bevölkerung Berlins, die das schwere Los eines Lebens in einer zweigeteilten Stadt so tapfer erträgt, ‚Berliner Hof' benannt."

Sandleitenhof, Ottakring

Der Bau an sich.

Bau-Meister, Bau-Künstler, Visionäre, Realisten, Epochemacher.

Zwischenwelt. Draußen in der Rudolfsheimer Vorstadt. Ein Mitarbeiter vom Verein „Zeit!Raum" klimpert mit den Schlüsseln, Fotograf und Autor in die Rauchfangkehrergasse Nummer 26 begleitend. Ein Gemeindebau der Zwischenkriegszeit, 1924-1925, wie viele in dieser Gegend. Das Grau vielleicht ein bisschen mehr ergraut, als hätte sich eine staubige Patina drüber gelegt. Eigentlich, so war es beabsichtigt, wollten wir einen Wiener Ableger der legendären Frankfurter Küche von Architektin Schütte-Lihotzky in der Wienervorstadt aufspüren.

Dann aber stellte sich heraus, dass ein solcher wirklich nur als Nachbau im Technischen Museum existiert. Beim Forschen enttarnt sich die Adresse jedoch als goldrichtig – und zwar als Heimstätte des „Wohnetuis". „???" Beim Hineingehen herrscht noch das Gefühl, eine Gemeindewohnung wie jede andere dieser Epoche zu betreten. Sehr schnell jedoch stutzt das Autoren- Fotografen- Duo: ein Müllschlucker – 1924? Designer-

Wandhaken! In welche Zwischenwelt des proletarischen Wiener Wohnbaus sind wir nur geraten? Das Wundern steigert sich beim Weitergehen. Plötzlich verschwindet der Fotograf, vom Boden verschluckt, wie in alten Schlössern in alten Gruselfilmen. Nur gedämpft hört man seinen Ausruf des

Erstaunens. Es klingt, als käme es von dieser Kastentür! Beim Öffnen betritt man einen weiteren kleinen Raum, wo nun auch der Fotomeister wieder sichtbar wird. Ein bisschen Kafka, ein bisschen Orwell, fällt einem dazu ein.

Nischen und Einbaukästen sind charakteristisch für das Wohnetui, auch Anton Brenners kleine Wohnmaschine genannt. Nicht zu verwechseln mit Le Corbusiers gleichnamiger Stadtrandsiedlung. Bei Brenner passen beide Begriffe. Wohnmaschine, weil hier alles „funktioniert" und nicht nur „da ist". Und Wohnetui, weil fast alles auf-, weg-, zusammengeklappt werden kann. Damit wird auch das Wunder begreiflich, dass hier der Architekt und seine vierköpfige Familie jahrelang auf 35 Quadratmetern leben konnten.

Das Konzept zieht sich durch die gesamte Wohnung. Statt Trennwänden findet man Zwischenregale und Einbauschränke – oder eben Durchgänge in kleine Lager- und Stauräume. Die

Funktionalität von damals erinnert in vielen Details an schwedische Möbelhäuser, die Du zu uns sagen. Zum Beispiel in der Küche. Da werden Schränke versenkt, in denen wiederum Teller gestapelt werden können, Ablageborde im Wohnraum sowie klapp- und faltbare Nachttische machen sich abends breit, während unter Tags erstaunlich viel Raum zur Verfügung steht. „Maschine": als BewohnerIn dieser Räume muss man wie ein Teil einer solche Maschine funktionieren, denn ohne höchste Disziplin funktioniert vieles nicht: Zieht man den in den Wohnraum reichenden Vorhang auf, verbirgt sich dahinter Klappbett und ebensolches Klapptischchen. Beides wird zu Schlafenszeit herabgelassen – dann aber lässt sich der Abstellraum nicht mehr öffnen. Nur ein Beispiel von vielen.

So wie bei Margarethe Lihotzky war Brenners Küche als minimalisierte Einbauküche konzipiert, was im Widerspruch zu den sonst für Gemeindewohnungen geforderten Wohnküchen stand. Der Gedanke der Wohnküche beruht darauf, dass Mütter ihre Kinder während Haus- und Küchenarbeit nahe bei sich lassen können. Brenner stellte jedoch einen riesigen Tisch in den Wohnraum, der neben dem Essen gleichzeitig den Gesprächs- und Lebensmittelpunkt für die Familien darstellen sollte.

Anton Brenner, aus ärmlichen Verhältnissen stammend, hatte es nicht leicht in seiner beruflichen Karriere – und er selbst machte es sich nicht leicht. Schüler von Josef Frank, Otto Wagner und Adolf Loos, war er einer der architektonischen Gefährten der bis heute noch weit bekannteren Margarethe Schütte-Lihotzky. Der durch sein familiäres Milieu sehr sozial geprägte Brenner war zu sehr Querdenker, um mit dem Hauptstrom mitzuschwimmen. Immer wieder fühlte er sich, teils zu Recht, teils eingebildet, benachteiligt. „Seinen" Wohnbau in der Rauchfangkehrergasse mit den 33 Wohnungen brachte er nur schwer durch. Kurz vor Baubeginn wurde ihm jedoch beschieden, dass er nicht wie ursprünglich vereinbart, auch den Innenausbau durchführen dürfe. Erst als er ein Modell seines Wohnetuis auf einer großen Messe präsentierte und gleichzeitig ankündigte, selbst darin wohnen zu wollen, erhielt er die Zustimmung, wenigstens diese eine Wohnung in „seinem" Haus zu bauen.

Brenner und seine Familie wohnten jahrzehntelang darin. So blieb dieses Juwel nahezu vollständig originalgetreu erhalten. Und erst bei Generalsanierungsarbeiten spät in den Neunzigerjahren des 20. Jahrhunderts entdeckte man die Wohnung und bewahrt sie der Nachwelt nun als Museum im Originalmaßstab.

Brenner war international wesentlich bekannter als in der eigenen Heimat. So war er als einziger Österreicher Lehrer im weltberühmten Dessauer Bauhaus und erhielt später eine Berufung nach Indien. In Wien konnte er lediglich das – abgebrannte - Lehrlingsheim in der Werkbundsiedlung und den besagten Gemeindebau in der Rauchfangkehrergasse verwirklichen.

Wiens Gemeindebauten wurden in der Gründerzeit von rund 200 verschiedenen Architekten, die meisten aus der Schule oder in der Tradition Otto Wagners, geplant.

Gemeinsam war den meisten von ihnen ein hohes Maß an

sozialem Gewissen und große Begeisterung für neues Bauen. Dazu kam bei vielen dieser Architekten die Lust am Experimentieren nicht nur am Bau, sondern auch bei Dekor, Innenausbau und Möbeln.

Vater des Pictogrammes. Auch Otto Neurath zählte zu diesen Experimentierfreudigen. Der ursprünglich in Heidelberg lehrende und später wegen Hochverrats verurteilte Neurath wurde in

Wien 1920 zum Generalsekretär des Österreichischen Verbandes für Siedlungs- und Kleingartenwesen. In dieser Eigenschaft konnten zahlreiche Siedlungshäuser geschaffen werden, teils unter Einsatz der Arbeitskraft der späteren Mieter.

Doch Neurath gründete 1924 auch das Österreichische Gesellschafts- und Wirtschaftsmuseum. Dort entwarf er sein Konzept der „Wiener Methode der Bildstatistik“, die zunächst in der Sozialversicherung zum Einsatz kam. Die später „Isotypie“ genannte Methode der nonverbalen Darstellung ist in der modernen Welt unentbehrlich geworden. Von Piktogrammen in öffentlichen Einrichtungen über Icons in der Computerwelt bis hin zu Verkehrszeichen reicht die Verständigungsmöglichkeit mittels der von Neurath entwickelten Idee.

Herausragend und ungewöhnlich war Margarethe Lihotzky, die 1915 bis 1919 als erste Frau in Wien Architektur studierte, wo sie unter anderen Josef Hoffmann, Anton Hanak, Rudolf Larisch und Oskar Kokoschka als Lehrer hatte. Lihotzky arbeitete in der Siedlerbewegung, erhielt schon in jungen Jahren eine

Auszeichnung für die Planung einer Schrebergartensiedlung und arbeitete gemeinsam mit Adolf Loos im Baubüro der Siedlung Friedensstadt.

1926 begann ihre internationale Karriere mit der Berufung ins Frankfurter Hochbauamt. Neben zahlreichen anderen Einrichtungen entwarf sie dort die heute weltberühmte „Frankfurter Küche", die erste Einbauküche. In ihr sollte alles funktional, arbeits-sparend und rationell ablaufen können. Lihotzky plante, nach Wien zurückgekehrt, in ihrer Heimatstadt relativ wenig. Beteiligt war sie unter anderem am Winarskyhof, Otto-Haas-Hof und der Werkbundsiedlung.

Volkswohnpaläste. Sehr wohl sollte neben mehr Wohnraum, hygienischen Einrichtungen, Licht und gesunden Lebensbedingungen auch die Außenarchitektur Ausdruck eines neuen Selbstbewusstseins der Arbeiterschichten werden. Gemeinsam sind fast allen Bauten der Vor- und Zwischenkriegszeit die monumentalen Fassaden. Nicht von ungefähr wird im Zusammenhang mit den großen Gemeindebauhöfen von „Volkswohnpalästen" gesprochen. Gänzlich abgewendet hatten sich die Architekten in der Fassadengestaltung von den spätbarocken oder romantisierenden Dekors und Schnörkeln der Gründerzeithäuser. Dem entgegen schuf man Ornamente, die teils dem Neoklassizismus, dem Jugendstil oder dem Historismus folgen, und die

Stärke und Widerstandskraft der BewohnerInnen signalisieren. Allen gemeinsam jedoch war das urbane, großstädtische Dekor, das Otto Wagner seinen Bauten und seinen zahlreichen prominenten SchülerInnen verordnete, sodass trotz unterschiedlichster Architekturen und Stile die Wiener Gemeindebauten doch eine Art Corporate Identity bekamen.

Diese wurde durch die normierten Wohnungstypen – 35 und 45, später bis 75 Quadratmeter – begünstigt. Dazu kam die zentrale Anschaffung von Türen, Fenstern, Beschlägen, Armaturen, Gasherden, Parkbänken und sogar Möbeln durch die Stadt Wien, um extrem sparsam kalkulieren zu können. Die Möbel wurden in einem eigenen Schauraum des Karl-Marx-Hofes ausgestellt, dort gab es für alle Wiener GemeindebaumieterInnen Beratung zum

Wohnen und zu Fragen der Hygiene. Die Einrichtungsstücke bestachen besonders durch ihre Kostengünstigkeit und Funktionalität. Diese Möbelaktion ging auf eine Anregung von Margarethe Schütte-Lihotzky zurück, die vorgeschlagen hatte, eine Warentreuhand zu gründen.

Abweichungen von diesem „ungeschriebenen Kanon" der Gemeindebauarchitektur gab es immer wieder. Etwa mit dem Gemeindebau Brandmayergasse 24 im 5. Bezirk. 1929 nach Plänen von Fritz Judtmann und Egon Riess erbaut, mutet das Bauwerk noch heute höchst modern an. Die Balkon- und Loggia-Anordnung gliedert die Außenfassade und durchbricht das Bild der sonst so „festungsartigen" Gemeindebau-Fronten. Interessanter Weise zeigen die hofseitigen Fassaden wiederum ganz deutlich den damals vorherrschenden Gemeindebau-Stil.

Weniger abweichend, aber doch nachhaltig auffällig in Dachanlage und Färbelung, gelang der Hernalser Wiedenhoferhof. Josef Frank baute in den 1920er-Jahren diese Anlage, setzte ihr ein Flachdach auf und färbte die Fassade in recht auffälligem Paprikarot. Es wäre nicht Wien mit seinen liebevollen Abwertungen, hätten nicht die BewohnerInnen sehr rasch den Begriff „Paprikakiste" für ihr Haus erfunden.

Völlig im Gegensatz zu den Zinshäusern mit ihrem so gut wie nicht vorhandenen Grünanteil wurde im Wiener Gemeindebau bis zu 70 Prozent Grün eingeplant und die Bezeichnung „Gemeindebauhof" voll dem Namen gerecht. Damit verbunden waren die architektonischen Lösungen für die Stiegenzugänge: diese wurden in den seltensten Fällen straßenseitig angelegt, sondern über den Innenhof oder einen seitlichen Zugang. So entstand mit den Höfen ein halböffentlicher, fast familiärer Raum, in dem die Kinder ohne besondere Beaufsichtigung spielen und auf den die Mütter meist von den Küchen aus ihre Kontrollblicke werfen konnten.

All inclusive. Dieser familiäre Gedanke – der sich im Fall der Wiener Gemeindebauten nicht stark von jenem der Idee vom Kollektiven unterschied – stand Pate bei den Gemeinschaftseinrichtungen. Statt jedem Haushalt Platz für's Wäschewaschen weg zu nehmen, baute man in den großen Anlagen Zentralwaschküchen, in denen gemeinsam gewaschen werden konnte. Es gab außerdem Kindergärten, alkoholfreie (!) Gaststätten, Arztambulatorien, Mütter- und Tuberkuloseberatungsstellen, Turnhallen, Büchereien, Kinderbäder. Lebensmittel- und andere Geschäfte wurden zur Versorgung der Bevölkerung angesiedelt. Neben der Wirtschaftlichkeit stand der sozialistische Gedanke des Miteinander, der Gegenseitigkeit und Solidarität Pate für Bauweise und Einrichtungen.

Den gequälten und gedemütigten Menschen, die aus Notquartieren und Zinshauslöchern in die neue Gemeindebau-Umgebung siedelten, kam es wahrlich paradiesisch vor, unter diesen neuen Verhältnissen.

Während in den ersten drei Jahren - bis 1922 - das Wiener Stadtbauamt die Architektenarbeit übernahm, wurden später zahlreiche freie Architekten mit den Gemeindebauten betraut. Karl Ehn plante den Karl-Marx-Hof, Hubert Gessner errichtete den ersten Gemeindebau, den Metzleinstaler Hof und spätere Bauten wie den Karl-Seitz-Hof in Floridsdorf-Jedlesee, die Architekten Purr, Lippert, Fabrici, Widman konzipierten den Hugo-Breitner-Hof, Hoppe, Schönthal, Matuschek, Theiß, Jaksch, Krauß und Tölk die Sandleiten. Josef Hofmann, Margarethe Schütte-Lihotzky, Adolf und Walter Loos, Ernst Lichtblau, Gerrit Rietveld, Clemens Holzmeister und viele andere arbeiten an der Planung der Werkbundsiedlung.

Nach dem Zweiten Weltkrieg machten sich die Architekten Hruska und Schlauss mit dem Matzleinsdorfer Hochhaus einen Namen, bekannt wurden in dieser Zeit auch die Architekten Karl Schwanzer und Roland Rainer. In der Neuzeit sind die Namen Hollein, Coop Himmelb(l)au, Holzbauer oder Peichl prominente Architektur-Markenzeichen geworden.

Von Ziegelschutt bis Thewosan. Waren die ersten Gemeindebauten aus Ziegelsteinen errichtet worden, musste man nach dem Ersten Weltkrieg auf Ziegel- und Bauschutt zurückgreifen – etwa wurde so der erste Teil der Per-Albin-Hansson-Siedlung errichtet. 1950/1960 galt es, den extrem hohen Wohnbedarf nach Kriegszerstörungen extrem rasch zu decken. Dies geschah am Leichtesten durch Plattenbauweise. Dazu wurde ein eigenes städtisches Fabrikationsunternehmen gegründet.

Ende der 1990er-Jahre, mit zunehmendem Umweltbewusstsein, begann man die Generalsanierung alter Gemeindebauten, um diese besser gegen Hitze und Kälte zu isolieren – die sogenannte Thewosan-Aktion. Zunehmend interessant werden neben energiesparenden Bauten – Stichwort „Passiv- und Niedrigenergiehäuser" – solar oder anderwärtig alternativ beheizte Anlagen. Eine der Hightech- Leistungen aus neuerer Zeit ist die transparente Lärmschutzwand, die den Theodor-Körner-Hof gegen den Verkehrslärm des Margaretengürtels abschirmt. Im Sommer 2007 gebaut, ist sie mit einer Gesamtlänge von ca. 150 und einer Höhe von 18 Metern der größte Lärmschutzbau Wiens. Die Elemente sind aus Glas gefertigt, um ausreichend Licht und Helligkeit in den Bereich zwischen die Bauten zu bringen.

Im oberen Bereich der Lärmschutzwand wurden die Elemente als Photovoltaikanlage ausgeführt, so dass Strom gewonnen und in das Heizsystem des Körnerhofes eingespeist werden kann.

Eine wichtige neue Herausforderung, der der soziale Wohnbau in Wien nachkommt, ist das barrierefreie Bauen, um Menschen mit besonderen Bedürfnissen selbstständiges Wohnen zu ermöglichen.

Bau-Kunst. Die Stadt als Bauherrin begnügte sich von Anfang an nicht damit, Wohnraum zu schaffen. Sie wollte Kunst, abseits der Baukunst, fördern. Unter anderem wurden in Gemeindebauhöfen Künstlerateliers zur Verfügung gestellt.

In der Hietzinger Riedelgasse entstand 1922-1924 sogar die Künstlersiedlung. Sie wurde für einkommensschwache freischaffende Künstler gebaut. Einer ihrer prominentesten

Bewohner war der Chefredakteur der Arbeiter Zeitung, Oscar Pollak. Die 24 Wohnungen hatten zum Teil Freiluftateliers im Garten bzw. Dachateliers mit sehr hohen, lichtspendenden Fenstern.

In den Höfen und an den Bauten entstanden prächtig bunte Reliefs an Hauszugängen, Keramiken und Majolikaarbeiten, etwa als Verzierung von Stiegen-und Hausnummern, sowie Skulpturen mit Sagen- und Tierfiguren aus Stein.

Zu den beauftragten Künstlern gehörten Josef Riedl, Robert Obsieger, Otto Hafner oder Theodor Oppitz.

Nach dem Zweiten Weltkrieg legte sich die Wohnbaupolitik sogar darauf fest, ein Prozent der Gesamtbausumme für die „Kunst am Bau" zu verwenden.

Im Zuge des neuen Selbstbewusstseins im Gemeindebau stellen sich immer mehr Kunstinitiativen, aber auch KünstlerInnen in Bezug zum kommunalen Wohnbau. „Ich lebe im Gemeindebau" ist eine dieser Initiativen, bei der Kreative aus den Gemeindebauten ihre Arbeiten zeigen.

Herausgepickt: einige Höfe

Der Metzleinstaler Hof. Der erste Gemeindebau Wiens – er wurde sogar 1918 von Robert Kalesa noch als Zinshaus geplant, jedoch schließlich 1920 als „richtiger" Gemeindebau

vollendet. Jedenfalls verwirklichte der am Margaretengürtel liegende Bau schon die wichtigsten Grundsätze des neuen Bauens: direkte

Beleuchtung aller Räume, keine Gangküchen, sowie ein Kindergarten im Erdgeschoss. Der zweite Bauabschnitt entstand 1923/24 unter der Planung von Hubert Gessner. Dieser Bauteil wurde üppig mit Keramik und Majolikareliefs an Fenstern und Fassaden verziert. Geht man in den Hof der Anlage, glaubt man sich daher teils in ein Freilicht-Kunstmuseum versetzt. Übrigens setzte Gessner im Metzleinstaler Hof den danach gültigen Trend, die Stiegenhäuser vom Hof aus anzulegen. Badeanstalt, Waschküche und sogar eine alkoholfreie Gaststätte beherbergte das Areal.

Der Karl-Marx-Hof. Wenn auswärtige Besucher das „Rote Wien" begehen, dann liegt garantiert dieser Gemeindebau auf ihrer Route. Der Karl-Marx-Hof wurde 1927-1930 von Karl Ehn, Stadtbaumeister und Schüler Otto Wagners, geplant. 1382 Wohnungen für fünfeinhalb Tausend BewohnerInnen entstanden so. Der Hof ist zweifelsohne neben seiner soziologischen Bedeutung ein Bau der Rekorde: weltweit der mit über einem Kilometer längste zusammenhängende Wohnbau auf 150.000 Quadratmetern, mit einem Grünanteil von 80 (!) Prozent. Zentrale Waschküchen, Kindergärten, Bücherei, Arztordinationen, Greißlereien bieten bzw. boten eine einmalige Infrastruktur.

Der Karl-Marx-Hof war von seiner Bauweise her schon als „Trutzburg" der Arbeiterschaft direkt im „noblen" Bezirk Döbling angelegt. Er wurde auch von Schutzbund-Mitgliedern als Festung benutzt, die erst nach Artilleriebeschuss durch Bundesheer und Heimwehr aufgegeben wurde. 1950 und 1980 wurde der Hof generalrenoviert. Wegen der großzügigen Anlage und der monumentalen Außenwirkung nennt man den Bau gerne das „Versailles der Arbeiterschaft".

Der Schlingerhof. Heute vor allem wegen seiner Ornamente, Putzgiebel und Erkerchen architektonisch und kunsthistorisch viel bestaunt, war im Februar 1934 ein Brennpunkt des Bürgerkriegskampfes in Floridsdorf. 1924 bis 1926 nach Plänen von Hans Glaser und Karl Scheffel errichtet, diente die Namensgebung dem Andenken des Floridsdorfer Gemeinderates Anton Schlinger. Erst kürzlich wurde das kleine Mahnmal, das dort an die Kämpfe des Jahres 1934 erinnert, renoviert.

Das Matzleinsdorfer Hochhaus. 20 Stockwerke waren für die Großstadt Wien zum Zeitpunkt der Errichtung, 1954-1957, eine Sensation. Diese steigerte sich noch durch die Tatsache, dass es sich um eine Gemeindewohnhausanlage handelte. Die Planung hatten Ladislaus Hruska und Kurt Schlauss durchgeführt. Das rechteckige, 68 Meter hohe Haus ist 26,7 Meter lang und 20,6 Meter breit. 103 Wohnungen zwischen 41 und 83 Quadratmetern Fläche wurden geschaffen. Noch gut erhalten sind bis heute die Original-Innenausstattungen wie Terrazzoböden, Mosaikfliesen oder Glasbausteine. In den ersten Jahren seines Bestehens beherbergte das Matzleinsdorfer Hochhaus sogar ein Restaurant mit Aussichtsterrasse. Erstes Gemeindehochhaus, erste Zentralheizung und erste Müllschluckeranlage: all das vereint der Wohnturm, der ein deutlich sichtbares Zeichen für vom Süden kommende Wien-Besucher bildet.

Der Sandleitenhof. Ursprünglich hatte der Sandleitenhof in Ottakring mehr Einwohner als der (meist als größtes Gemeindebauwerk eingeschätzte) Karl-Marx-Hof. Heutzutage umfasst die Anlage 1587 Wohnungen und noch immer über 4000 Bewohner. Sandgruben, die sich am Standort befanden, gaben dem Hof den Namen. 1924 bis 1928 wurde der Bau in mehreren Etappen errichtet. Die Architekten Hoppe, Schönthal, Matuschek, Theiss, Jaksch folgten weniger dem Konzept Otto Wagners, mit den streng symmetrischen Formen, sondern eher jenem Camillo Sittes. Sie planten also kurvenreiche Wege, kleine Plätze, Grünflächen und unterschiedliche Gebäudehöhen.

Am Matteottiplatz, dem Zentrum der Anlage, gab es sogar Theateraufführungen, außerdem wurde gemeindebaueigene Infrastruktur in breitem Ausmaß – bis hin zu Ateliers, Werkstätten und einem Postamt - angeboten.

Nach den Plänen von Erich Franz Leischner entstand dort der einhundertste Wiener Kindergarten, der den Ideen von Maria Montessori folgte. In der Zeit des Austrofaschismus errichtete die Katholische Kirche nach Plänen von Josef Vytiska eine Pfarrkirche.

Nicht nur wegen der antiklerikalen Haltung, sondern wohl auch wegen der Sichtbeton-Bauweise mit Vordach wurde die Pfarre St. Josef immer wieder als „Vater-unser-Garage" tituliert. Schaut man im Dämmerlicht eines nebelgrauen Abends vom Matteottiplatz Richtung Südwesten, leuchtet einem ein mächtiges Gebäude entgegen. Kathedralenartig, denn die Fenster erstrecken sich über etwa vier Meter in die Höhe und sind von einer architektonischen Feinheit, wie sie oft nur in Domen zu finden ist. Dabei ist es „nur" die Bücherei in der Rosa-Luxemburg-Gasse. 1927 vom Arbeiterbildungsverein als Arbeiterbücherei gegründet, versorgte sie in ihrer besten Zeit eine halbe Million Besucher pro Jahr und erfreut sich bis heute ungebrochener Beliebtheit.

Der Karl-Seitz-Hof. Der vielfach im Gemeindewohnbau

beschäftigte Architekt Hubert Gessner legte den Karl-Seitz-Hof als „Volkswohnpalast" an. 1926 bis 1933 erbaut, wurden 1173 Wohnungen geschaffen. Otto Wagners Schule setzte sich wieder voll durch, indem man Symmetrie und Harmonie walten ließ, zahlreiche Innenhöfe, halböffentliche Terrassen und kleine Plätze errichtete. Der neunstöckige Uhrenturm deutet wohl an, dass die Hofanlage eine Stadt in der Stadt sein könnte, wie sie dem Namensgeber, Bürgermeister Karl Seitz, durchaus zugestanden wäre. In den 1950er-Jahren wurde eine Büste Seitz', geschaffen von Bildhauer Gustinus Ambrosi, enthüllt.

Der Gemeindebau zählte zu den sogenannten „Superblocks", wie sie in dieser Zeit allerorts in Wien entstanden. Wegen der teilweise villenartigen Bauteile und der vielen Grünanlagen wurde und wird der Seitz-Hof gerne auch „Gartenstadt" genannt. Im zur Jedleseer Straße hin gewandten Seitentrakt war ursprünglich ein Theater geplant. Doch dafür reichte das Geld nicht. So wurden die Räume Heimstätte für die größte Tanzschule Wiens, heute geführt von Familie Schwebach.

Am Schöpfwerk. Gleich zwei Anlagen tragen diesen Namen. Die eine wurde in den 1950er-Jahren errichtet, die zweite 1976-

1980 nach Plänen von Viktor Hufnagl. Bei zweitem handelt es sich um eine Stadt in der Stadt – was Baugröße und Infrastruktur anbelangt. Die Anlage umfasst 62 Stiegenhäuser mit 2151 Wohnungen und rund 8000 BewohnerInnen. Kirche, Schulen, Kindertagesheime, Jugend-, Pensionisten-, Mütterklub, Bücherei, Polizei, Postamt, Arztambulatorien, Banken, Spielplätze. Insgesamt erinnert der Bau in seiner Anlage und seinen Autarkie verleihenden Gemeinschaftseinrichtungen an die Baukonzepte der Zwischenkriegszeit.

Durch das Menschenkonglomerat entstanden nicht wenig soziale und generationsbedingte Spannungen. Diese konnten dank des höchst engagierten Clubs Bassena und anderer kommunikativer und beratender Einrichtungen in jüngerer Zeit jedoch gut gelöst werden.

Der Reumannhof. Der Reumannhof wurde vom Architekten Hubert Gessner 1924-1926 erbaut. Das nach dem ersten sozialdemokratischen Wiener Bürgermeister benannte Bauwerk steht wegen seiner herausragenden und gleichzeitig für den Kommunalwohnbau so typischen Architektur unter Denkmalschutz. 478 Wohnungen, 19 Geschäftslokale und zahlreiche Gemeinschaftseinrichtungen gehören zum Bau. Dem Architekten wurde vorgeworfen, zu prunkvolle Fassaden gestaltet zu haben, hinter denen sich bloß Kleinwohnungen befinden. Gessner hatte teilweise Elemente älterer oder bürgerlicher Art in dem Bau zitiert. Trotzdem, oder gerade deshalb wurde der Reumannhof immer wieder auch als „Gesamtkunstwerk" bezeichnet. Denn die vielen farbenprächtigen Majolika- und Keramikverzierungen bei Stiegenhausnummern oder Zugängen, ebenso wie Jugendstilbrunnen, Schmiedeeisenarbeiten und andere Details machten den Reumannhof zu einem wahren Herzeigestück.

Der Reumannhof war Hauptstützpunkt für den Schutzbund. Daher spielten sich dort am 12. Februar 1934, am Höhepunkt des österreichischen Bürgerkriegs, wilde Kämpfe zwischen Bundesheer, Heimwehr und Schutzbund ab. Am Abend mussten die Schutzbundeinheiten schließlich kapitulieren.

Gartenzwergidyll: Alliogasse, Rudolfsheim-Fünfhaus

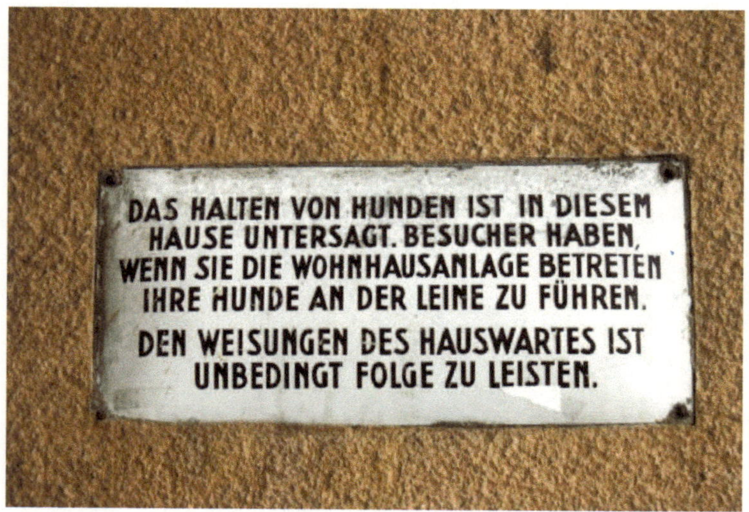

Schildereien: Vorschrift ist Vorschrift

Der Bau, das Biotop

Zusammen- Leben und viel mehr als nur Wohnen.

Es ist sommerheiß, auf dem Gehsteig verdichtet sich das Licht zu schwimmenden Reflexionen. Abbiegen in die Lustkandlgasse, hinein in den Wagner-Jauregg-Hof. Schatten, Kühle, eine andere Welt. Unter den dichten Nuss- und Kastanienbäumen sitzen oder kauern jüngere und ältere Menschen und schauen und zeichnen. Es ist das erste Mal, dass die Künstlerische Volkshochschule TeilnehmerInnen, GemeindebaubewohnerInnen und Jedermann/frau zu einem Zeichennachmittag in den Bau eingeladen hat. Der kundige Kunstlehrer gibt nur ganz kleine Anleitungen – das meiste bringen die Leute selbst aus sich heraus auf's Papier. Es herrscht eine beschauliche Ruhe. Selbst die Gemeindebau-Bewohner, die durch den Hof zu ihren Stiegen gehen, schauen verhalten, werden angesprochen, fragen selbst nach, gesellen sich vielleicht wieder aus ihren Wohnungen dazu, zum Zeichnen.

Motive? Es gibt sie in Hülle und Fülle, selbst in dem recht nüchtern gehaltenen Bau. Fassaden- oder Balkondetails, eine Dachterrasse, deren Blumenpracht bis hinunter in den Hof strahlt und leuchtet, ein Stiegenzugang. Oder einfach die Lilie, die aus dem Rondeau herausschaut.

Die Veranstalter haben für erfrischendes Mineralwasser gesorgt, auf die Entsorgung menschlicher Bedürfnisse aber nicht. Gottlob gibt es Frau Krautz, die Hausbesorgerin, die für diesen Tag ihr Privatklo zur Gemeinschaftseinrichtung erklärt, und noch dazu Kaffee für die ermüdeten Kreativen kocht.

Joanne Tordy von der Gebietsbetreuung, mittlerweile im Raumplanungsinstitut hat ihre Informationen auf einer Tischhälfte im Hof aufgebaut. Jene, die weniger zeichnen und mehr plauschen wollen, finden bei der Fachfrau gleich kompetente Ansprach'.

Ein Mieter kommt dazu, bringt seinen kleinen Sohn mit, Sohn zeichnet, Vater plauscht, das Idyll droht in seiner Nachbeschreibung fast kitschig zu werden.

Gemeindebau: das ist viel viel mehr als nur Wohnen. Ein paar Jahre haben alle darauf vergessen. Politiker, Bewohner, alle eben.

Doch die Gemeindebauten, besonders die großen Höfe, haben enorme positive Kräfte. Ressourcen an Menschen, an Platz, an Möglichkeiten zur Entfaltung.

In den 1920ern und in der Zwischenkriegs- und Nachkriegszeit war das selbstverständlich. Gemeinsam Streiten, Leben, Feiern, Diskutieren, Weinen, Lachen.

Das Konzept der Wohnbau- und Sozialpolitiker war es ja, den Menschen das Leben und Wohnen schöner und leichter zu machen. Das geschah durch kleine, aber sonnige und hygienisch intakte Wohnungen und große Höfe und zentrale Einrichtungen.

Kindergärten, Wannen- und Duschbäder, Gaststätten (diese aber alkoholfrei), Tuberkulose-Ambulatorien, Zahnarzt-Praxen, Büchereien, Mutterberatungsstellen, Kinderfreibäder, Konsum-Läden, Waschküchen undundund waren in die Gemeindebauanlagen integriert.

So bot man den in den Gemeindebauten wohnenden ArbeiterInnen ein selbstständiges Leben und vor allem den mehrfach belasteten Haus-Frauen die Vereinbarkeit, alles in Einem zu haben: Kinderunterbringung, Waschen, Einkaufen und vieles mehr. Ungewöhnlich für das frühe 20. Jahrhundert war es, dass eine christlich-liberale Initiative unter Federführung der Frauenpolitikerin Auguste Fickert zur Gründung der Heimhofgenossenschaft führte. Der erste Heimhof wurde schon 1911 im 18. Bezirk, Peter-Jordan-Straße 32 errichtet und war alleinstehenden berufstätigen Frauen vorbehalten.

Architekt Otto Polak wurde dann Anfang der 1920er-Jahre mit dem Heimhof in der Pilgerimgasse 22-24 im 15. Bezirk beauftragt. Dieser war und blieb in seiner Anlage ein Unikat: neben Wäschereien, Kindergarten und anderen Einrichtungen beherbergte der Heimhof eine Zentralküche und einen Speiseraum, aber sogar auch Speisenaufzüge in die Wohnungen. Zugeteilt wurden die Wohnungen ausschließlich berufstätigen Ehepaaren, die höhere Mieten zahlten, weil angestelltes Personal für Küche und Putzdienste sorgte.

Austrofaschisten und Nazis sorgten dafür, dass das fortschrittliche Experiment weder fortgeführt noch nachgeahmt werden konnte.

Generell herrschte jedoch bei linken wie bei konservativen Politikern Skepsis gegenüber dem Projekt. Vor allem das damals vorherrschende Frauenbild wurde durch die Heimhof-Idee massiv in Frage gestellt. 1990 wurde der Heimhof renoviert, die seinerzeit revolutionäre Idee jedoch nicht mehr weiter verfolgt.

Ein „Waschsalon" wie in vielen Gemeindebauten der 1920er-Jahre ziert gleich den Haydnhof in der Meidlinger Steinbauergasse. Doch das Besondere in diesem ebenerdigen Pavillon entdeckt man erst auf den zweiten Blick: es sind Wohnungen für Menschen mit besonderen Bedürfnissen, die man über sanft ansteigende, rollstuhltaugliche, Rampen erreicht. Die meisten der MieterInnen dort haben liebevoll Blumen vor die Fenster gepflanzt – wohl, weil sie nicht so oft wie die Beweglicheren hinaus in die Natur kommen. Und so bietet sich rund um den Waschsalon der Anblick eines beschaulichen Mikrokosmos.

Kein Pssst. Bildung wurde – wohl im starken Gegensatz zu heute – vor allem im und für das Proletariat überaus hoch geschätzt und als wichtig für die Entwicklung der Gesellschaft gewertet. Das war der Grund dafür, dass Arbeiterbibliotheken sehr oft dort entstanden, wo die Zielgruppe zu Hause war: in den Gemeindebauten.

Ein Baujuwel und gleichzeitig höchst lebendige Bücherei findet sich nach wie vor in der Rosa-Luxemburg-Gasse im Sandleitenhof, Ottakring. In den Jahren nach ihrer Gründung, 1927, versorgte sie eine halbe Million BesucherInnen pro Jahr. Wie alles andere, vernichteten die Nazis auch die Bücherei. „Zuerst haben sie die Werke jüdischer Autoren weggeschafft, dann wurde die Bücherei überhaupt zerstört, weil sich eine Schutzbund- und Jugendgruppe darin verschanzt hatte", erzählt die ehemalige langjährige Leiterin Brigitta Kaiser aus der wechselvollen Geschichte der städtischen Bücherei.

Stolz ist sie darauf, dass heute an die tausend BesucherInnen pro Monat rund 5000 Bücher, DVDs oder CDs ausborgen. Dass etwa 300 Medien in den Sprachen Türkisch oder serbokroatisch vorrätig sind, was vielen Zuwandererkindern den Einstieg ins Lesen erleichtert.

Oder, dass Kindergärten und Schulen der Umgebung vorbeikommen, um die Kids intensiv mit Büchern in Kontakt zu bringen. „So gesehen sind wir die Nahversorgerbibliothek", freut sich die energiegeladene Bücherfrau. Immerhin kommt rund die Hälfte der Kundschaften aus der Sandleiten. Was wiederum das Vorurteil zunichtemacht, im Gemeindebau werde nicht (mehr) gelesen.

Die erzieherische und soziale Aufgabe ist groß. Viele Kinder schreiben sich ein, weil sie daheim keinen Computer haben, doch von der Schule aus zu Internet-Recherchen angehalten werden. Auch das geht in Sandleiten für die Kids an fünf PC-Stationen und völlig kostenlos. Das sonst in ehrwürdigen Bibliotheken öfter vernehmbare „Psssst" ist in der Buchkathedrale in der Rosa-Luxemburggasse ein Fremdwort. „Wenn sich die Kinder nicht gerade raufen" bleiben Frau Kaiser und ihre MitarbeiterInnen locker. Im Art Deco-Rahmen der vor wenigen Jahren völlig renovierten Bücherei mit zwei realsozialistischen Fresken des

Malers Otto Richard Schatz finden immer wieder Lesungen statt – unter starker Beteiligung des ganzen Baus. Dabei reicht die Palette von den „16er-Buam" – die musikalischen Lokalmatadore wohnen ebenfalls in der Sandleiten – bis zum querschnittsgelähmten Živorad Mitras Jezavski, dem serbischstämmigen Literaten, der – richtig! – ebenfalls auf einer der Nachbarstiegen in der Sandleiten – zu Hause ist.

Bildung bringen neuerdings auch die Volkshochschulen in die Gemeindebauten. So hat 2009 erstmals die Donau-VHS im 22. Bezirk Sprachkurse direkt vor Ort angeboten. Und es zeigt sich, dass die Menschen dort nicht bildungsfeindlich sind. Es fehlt bloß, gerade bei denen, die die Bildung als Junge nicht mit dem Löffel gegessen haben, der Mut zum ersten Schritt. Und je niedriger die Schwelle, umso leichter kann dieser gesetzt werden.

Die Einfahrt für Fuhrwerke ist verboten. Betrachtet man die tausenden in Wiens Gemeindebauanlagen verstreut angebrachten Schilder, dann geben diese Einblick in die Sitten, Unsitten und Wertvorstellungen verschiedener Epochen.

Naturgemäß wurde das Skateboardfahren erst in den 1990er-Jahren per Tafeln verboten, das Ballestern hingegen schon recht früh. Das Betteln und Hausieren oder Ausspucken fällt ebenfalls in die Frühzeiten der Gemeindebau-Ära. Kunsthandwerklich interessant die Ausführung der Tafeln und Täfelchen: vom nüchternen Stahlblech über Kupfer bis zu kunstvollen Mayolika- und Emailarbeiten findet man alle Spielarten.

Wo es menschelt, dort liebelt es nicht nur, sondern konfliktelt es auch, würde der geniale Ernst Jandl geschrieben haben.

Wo das der Fall ist, wird neuerdings genauer hingesehen. Josef Cser leitet die „wohnpartner". Waren das früher vor allem wirtschaftlich-rechtliche und administrative Beratungs- und Anlaufstellen für Stadterneuerung, hat man nun auch soziale und kulturelle Beziehungen als deren Aufgaben definiert und diese – folgerichtig – in „Wohnpartner" umbenannt. Entstanden ist die Idee Ende der 1990er-Jahre bei der Sanierung der Trabrennsiedlung. „Wir haben gesehen, dass es nicht nur um bauliche Fragen geht, sondern dass es soziale Geschichten sind, die die Bewohner bewegen", erzählt Cser. Daher wurden ab 2003 in Wien flächendeckend Gebietsbetreuungen für Gemeindewohnanlagen eingerichtet.

„Wir haben mit unterschiedlichen Sichten zu kämpfen", erklärt Cser. „Während die Außenansicht über Gemeindebauten überwiegend positiv ist, fällt die Innensicht deutlich schlechter aus". Oft sind es ja nur Kleinigkeiten, die den Mietern zu schaffen machen.

Daher hat man den Wohnpartnern zwei Hauptaufgaben gestellt. Einmal „Feuerwehr bei vorhandenen Bewohnerkonflikten zu spielen, und zweitens vorbeugend mit den Bewohnern arbeiten, um die Lebensqualität zu erhöhen", erklärt der erfahrene Cser.

Da eignen sich gut Fälle wie jener der schwerhörigen Frau, die mit ihren Kindern riesen Lärm gemacht hatte. Cser: „Die merkte das einfach nicht, wie laut sie ist. Als wir ihr das Problem bewusst gemacht haben, war es schon nimmer vorhanden."

Nightwatch hat sich das Versuchsprojekt genannt, das nun unter neuem Namen auf ganz Wien angewandt wird.

SozialarbeiterInnen, aber auch MediatorInnen werden bei solchen Konflikten vermehrt eingesetzt. Die haben es professionell gelernt, bei Streitigkeiten zu vermitteln.

Da oft Lärm an erster Stelle der Beschwerden steht, wurde die „Nightwatch" zunächst probeweise 2008 auf die Strecke geschickt. Und zwar in Simmering, am Leberberg und am Wilhelm-Kreß-Platz. „Es genügt oft schon, wenn die Kollegen angekündigt werden, um das Problem zu beseitigen", erzählt Cser. Dabei sind es „nur" Mitarbeiter der Gebietsbetreuung, die zum Beispiel mit den Jugendlichen im Hof reden und sie bitten, ein bissl leiser zu sein. „Die haben weder Polizeigewalt noch wollen wir da eine Ordnungstruppe aufstellen".

Interessant, dass in dem Premierenjahr der Nightwatches kein einziges Mal die Polizei gebraucht wurde, und dass rund ein Drittel weniger Beschwerden in den Versuchs-Gebieten angefallen sind.

Woran es unbestritten fehlt, sind jugendgerechte Einrichtungen. „Daher wird in der nächsten Bauordnungsnovelle fix verankert sein, dass Jugendeinrichtungen berücksichtigt werden müssen", hofft der Wohn-Experte und Mediator Cser auf bessere gesetzliche Grundlagen für jugendliche Freiräume.

Segensreich: die Mieterbeiräte

Gemeinsam Kochen am Schöpfwerk – wo plötzlich Österreicher, Türkisch- oder Serbischstämmige an einem Tisch sitzen, oder ein „Erinnerungstheater" in Ottakring: da haben alte und junge Gemeindebaumieter Szenen aus ihrem Leben dargestellt: all das sind Ideen, die sich bewähren. Als wahrer Hit hat sich das „Gaberln" (Fußball-Akrobatik) im Gemeindebau herausgestellt, bei dem prominente Kicker ihre Künste vor- und dann von den Kids nachmachen ließen.

Neben den fix stationierten Wohnpartnern wird es den Wiener-Wohnen-Bus bald als Dauereinrichtung geben. Dieser begann 2009 versuchsweise in einigen Bauten seine Rundreise, um Menschen vor Ort zu beraten und Anregungen aufzunehmen.

Housemaster's Revival. Im Zuge der konservativen Restaurationsversuche Anfang 2000 für tot erklärt und per

Gesetz so gut wie abgeschafft, werden nun neue Wege

eingeschlagen, damit der Hausbesorger wieder Einzug halten

kann.

Wir Wiener haben zwar von alters her über die Hausmeister geraunzt und gemotschkert. Siehe da, als sie von der Bildfläche verschwanden, wurden sie plötzlich zu den Schatzibutzis von Frau Jedermann und Herrn Jederfrau.

Ganz sicher deshalb, weil wir, Motschkerer und Raunzer von Herkunft wegen, bemerkt haben, wo Schnee prompt geschaufelt und geräumt wurde, und wo nicht (mehr). Wo Konflikte erblühten, die früher mit einem deftigen „Gebt's a Ruah!" und einem Versöhnungskaffee schon im Ansatz beendet wurden. Oder dass der aufgeplatzte Joghurtbecher im Aufzug nicht erst während der Dienstrunde des Reinigungs-Services bereinigt wurde.

Und viel aushalten haben die Hausmeisterinnen auch müssen. Wie jene, nennen wir sie Frau N., die eine psychotische Mieterin, also eine sehr arme Kranke, als Stiegen-Mitbewohnerin hatte. „Die hat mich immer als Obrigkeit gesehen und ist, wenn es ihr schlecht gegangen ist, voll auf mich losgegangen." Die Psychopatin, die schon mehrere „Guglhupfaufenthalte" hinter sich hatte, sprang nachts mit beiden

Beinen gegen die Tür der schwer verängstigten Hausmeisterin.

„Meine Tochter hab ich zu meiner Mutter gegeben, weil mir das zu gefährlich war. Dann hat sie mich noch voll in den Bauch getreten und mir die Haar büschelweise ausgerissen", erzählt Hausbesorgerin N. Einmal lud die am Rande des Nervenzusammenbruchs Stehende die herbeigerufenen Polizisten ein, noch kontrollehalber ein bisschen in der Wohnung zu bleiben. „Die haben die Wahnsinnige schon weggeschickt, wir trinken einen Kaffee, plötzlich donnert es so an der Eingangstür, dass einer der Polizisten reflexartig die Pistole gezogen hat, so geschreckt hat er sich." Doch wie es halt oft so ist: es dauert in diesen Fällen immer sehr lang, bis die verschiedenen Verfahren – von Sachwalterschaft über Delogierung oder erzwungener Verwahrung – durch sind. Diese lange Leidenszeit konnte Frau N. niemand ersetzen. Weder mit Schmerzensgeld noch mit anderen Gutmachungen.

Überhaupt die Kommunikation. Wo (noch und schon) miteinander geredet wird, dort fliegen keine Fetzen. Dort entsteht mitunter sogar Gemeinsames. Stadtteilzentren wie die „Bassena" Am Schöpfwerk sind beste Beispiele dafür.

Die in den Achtzigerjahren erbaute und besiedelte Stadt in der Stadt im südlichen Teil Wiens beherbergte schlagartig fünftausend Menschen. „Die hatten dort keine Freunde oder Verwandten", beschreibt Renate Schnee, langjährige Chefin der Bassena, die Anfänge. Die Bassena hat Netzwerke geknüpft – es gab im Lauf ihres Bestehens einen Gratisbazar, ein eigenes Schöpfwerk-Radio, die Zeitung „Schöpfwerk-Schimmel" und ein eigenes Zahlungsmittel für Dienstleistungen: den „Schöpfer". Heute gibt es unter anderem Kaesch, das Netzwerk für Nachbarschaftshilfe und den Verein „Nachbarinnen".

Durch die beharrliche Vermittlungsarbeit der Bassena verbesserte sich in den Jahren nach der Besiedlung zunehmend das Klima. So sprach man mit jugendlichen Skatern, die den Anrainern zu viel Krach gemacht hatten. Gemeinsam fand man sogar einen neuen, besseren Standort für einen richtigen Skaterplatz.

Los ist in der Bassena immer etwas. Mietertreffen, Fußballturniere, gemeinsame Gemüsebeet-Anlagen, und das Zusammenbringen von Christen und Muslimen, die dann gemeinsame Aktionen für ein sauberes Schöpfwerk durchführen. „Siebzig Prozent der heutigen Bewohner sind Zuwanderer, ob aus Ägypten, der Türkei, bei uns werden zwanzig verschiedene Muttersprachen gesprochen", weiß die Bassena-Chefin.

Im Gemeindebau lebt eine alte, aber gute Tradition wieder auf: vieles ist verordnet, fällt unter professionelle Betreuung. Aber auch vieles ist Privatinitiative, beruht auf gutem Willen, Kreativität und sozialem Denken Einzelner. Dazu zählen nicht zuletzt die Mieterbeiräte, die seit einigen Jahren in vielen Gemeindewohnhäusern ehrenamtlich als „Sprachrohr" der Hausgemeinschaft und Anlaufstelle für die MitmieterInnen im Einsatz sind.

Gesungen. Seit Längerem wird im Gemeindebau auch gesungen. Snježana Čalija, Teamleiterin bei den „wohnpartnern", hatte die Idee, sangeslustige Gemeindebaumieter zu einem Chor zusammen zu holen. So erscholl erstmals im nüchternen Ambiente der „GB 22" in der Donaustädter Viktor-Kaplan-Straße vielstimmiger Gesang mit Keyboardbegleitung. „Ich singe nicht gut, aber ich habe Freude daran", sagt eines der Chormitglieder. Und ein anderes: „Beim Singen lernt man Zuhören", was neben dem Schließen von Bekanntschaften für das Gemeinwohl ein unschätzbarer Gewinn wäre.

83 Wohnhausanlagen mit 22.000 Wohnungen und 60.000 MieterInnen haben sechs MitarbeiterInnen der Gebietsbetreuung Donaustadt in ihrem Arbeitsbereich. Pro Tag fällt im Schnitt ein „Wickel" – also Konflikt – an, den es über Kurz oder Lang zu regulieren gibt. Dass es nicht mehr solche Wickel gibt, dafür sorgen vorbeugend Initiativen wie der Chor, aber auch nachbarschaftliches Zusammenkommen bei Vernissagen: Ausstellungen werden von den Donaustädtern schon seit Längerem organisiert.

Wohnpartnerinnen, ganz andere. Nicht die neue Gebietsbetreuer-Struktur ist damit gemeint. Sondern ein Projekt, das im Karl-Wrba-Hof in Favoriten toll angekommen ist.

Andrea Punz-Nielson, damals in der Gebietsbetreuung der verschachtelten 1970er-Anlage tätig, hat gemeinsam mit KollegInnen diese „Erfindung" gemacht. „Entstanden ist das Projekt „Wohnpartnerinnen", weil bei Mieterversammlungen immer wieder von Österreichern die Beschwerde kam, dass die Zuzügler, vorwiegend mit Migrationshintergrund, nicht bei den Besprechungen dabei sind, obwohl viele der Punkte gerade sie angingen", berichtet Punz-Nielsen vom Anfang des Projektes. „Da kam uns die Idee, die Frauen einmal zusammen zu bringen. Sie sind ja als Bewohnerinnen die Experten. Und tatsächlich haben plötzlich Österreicherinnen mit Neu-Österreicherinnen gesprochen, gemeinsame Treffen gemacht. Allmählich haben sich dann selbst die Männer bei den gemeinsamen Festen beteiligt." Seither ist man hier „per Elvira, oder per Fatma" in der freundschaftlichen Anrede. Probleme werden gemeinsam angegangen. Die sind ja nicht gerade klein: Zu wenig Angebote und Bewegungsräume für Jugendliche, die damals zu Bauzeiten verwendete, aber oft wasser- und geräuschdurchlässige Bausubstanz. Oder Lärm. Oder Schmutz.

Die Problembewältigung geht jetzt aber, weil gemeinsam, viel leichter, „der Umgang ist sehr viel feiner geworden", freut sich Andrea Punz-Nielson. Beim sommerlichen „Volxkino" in der Wohnhausanlage sind 400 Leute zusammengekommen, der Fußballkäfig konnte wieder aufgesperrt werden, es gibt mehr schattige Plätze und mehr Brunnen. Der Same, der von den Gebietsbetreuungen (pardon, nunmehr Wohnpartnern) gestreut wird, geht vielfach auf und erblüht.

Ganz privat hat Carmen Kreisinger, heute im Meidlinger Revier des Washington-Hofes, und vor Jahren schon im Karl-Marx-Hof, damit begonnen, Kinder zum Lernnachmittag einzuladen. „Wir haben dann einen Verein, bestehend nur aus Familienmitgliedern, „Ermutigung und Unterstützung für Kinder" dafür gegründet", erzählt die begeisterte Frau. Während wir den Kaffee in ihrer Wohn-Küche trinken, läutet es immer wieder an der Tür. Kinder von Familien aller Herkunftsländer geben sich die Klinke in die Hand, um bei Carmen ihre Nachmittage zuzubringen. Zum ersten Mal hat sie jetzt gerade ein bisschen Geld für eines ihrer Kinderfeste bekommen, ein paar Euro nur, aber sie ist bescheiden. Denn für die Teilnahme an einem der dreimal wöchentlich stattfindenden Lernnachmittage und dem einmal wöchentlichen Kindernachmittag verlangt Frau Kreisinger grade mal Ein Euro Fünfzig. „Manche Kinder sparen das sogar selber von ihrem Taschengeld!" Der süße selbst gebackene Muffin für den Lernfleiß jedes Kindes ist im Betrag schon enthalten. Wie es im Washingtonhof begonnen hat? „Ich habe ein paar Zettel auf den Stiegen aufgehängt, und ganz schnell ist die Gruppe voll gewesen", erinnert sich die heute anerkannte und beliebte Ehrenamtliche. Philippinische, äthiopische, serbische, türkische, ägyptische und natürlich auch österreichische Herkunft haben die jungen Besucher der Kreisingerschen Privatlernnachmittage. Daneben funktioniert noch die „Kernfamilie", ihre beiden Söhne mit elf und 15. Abends, wenn ihr Mann nach Hause kommt, hilft der noch mit beim Aufräumen des häuslichen Chaos'. Verdienen kann und will Carmen

Kreisinger nichts an der ehrenamtlichen Tätigkeit. Wo steckt also der „Lustgewinn" für sie? „Wenn ich mit dem Bus von

auswärts heim komme und durch die Anlage, den Ulmenhof, gehe, winken die Menschen mir zu, und aus jedem Haus grüßt jemand raus", funkeln die Augen der engagierten Frau.

Proletarier aller Länder, bewegt Euch rhythmisch. Seit mehr als achtzig Jahren wird im Karl-Seitz-Hof im Floridsdorfer Ortsteil Jedlesee das Tanzbein geschwungen. Dort, wo ursprünglich bloß Foyer und Nebenräume für ein (dann doch nicht gebautes) Arbeitertheater eingerichtet werden sollten, residierte die Tanzschule Reiter. Bis 1962 Irma Lerch den Betrieb übernahm und 1979 an die Enkel Tatjana und Johann Schwebach übergab. Heute ist mit Martina und Thomas bereits die dritte Generation der Tanzschuldynastie am Werk. Thomas Schwebach: „Manche Kunden sind überrascht, wenn sie zu uns in einen Gemeindebau hineinkommen und plötzlich in dem riesigen denkmalgeschützten Saal stehen."

Tatsächlich beherbergt Wiens größte Tanzschule (die in Erdberg und in Niederösterreich weitere Standorte hat) einen atembe-

raubend schönen Saal – eben das als Foyer geplante und dann
übrig gebliebene Stück. Mit viel Liebe und unter schwierigen,
weil denkmalgeschützten, Bedingungen wurde vor wenigen Jahren renoviert. So, dass Ornamente an Türblättern, handgefertig-
te Stiegengeländer, Balustrade und viele andere Originalmerk-
male jetzt noch besser zur Geltung gelangen – auch wenn das
den um Haltung ringenden TanzschülerInnen oft herzlich egal ist.

Dank langer Tradition wurde die Schwebachsche Tanzschule nie
als Fremdkörper im Gemeindebau betrachtet. „Vor größeren
Festen teilen wir immer Brieferl im Bau aus, damit die Mieter
wissen, dass es ein wenig lebhafter zugehen könnte", sagt der
energiegeladene Junior Schwebach. Einladungen an die Mitbewohner zu Gratiseintritten werden immer wieder von der rühri-
gen Tanzschulfamilie ausgesprochen.

Ortswechsel, nicht Niveauwechsel. Gesungen und getanzt wird
in den Gemeindebauten Wiens – und auch instrumental musi-
ziert.

Vor gut hundert Jahren hat David Josef Bach von der damals neu gegründeten sozialdemokratischen Kunststelle die Arbeiterkonzerte ins Leben und in den Gemeindebau gerufen.

Die Idee haben Matthias Adensamer und Paul Gulda wieder aufgegriffen, sodass es viele Jahrzehnte später zu einem Neubeginn dieser Musikreihe kam. Mit erstaunlich wenigen Mitteln – Hauptsponsor ist der Gewerkschaftsbund – wird in Gemeindebauten vom Pianisten Gulda und dem Drach-Quartett klassische und zeitgenössische Musik aufgeführt. „Es ist ein schönes Gefühl, weil das Publikum ein ganz spezielles ist", sagen Gulda und Adensamer, beide daheim in den vornehmsten Konzertsälen. Sie glauben an die Kraft, das Publikum dort abzuholen, wo es ist – im Gemeindebau.

Zusätzlich vereinfacht wird den Hörern der Gratiskonzerte der Musikgenuss dank Erklärungen, die vor jedem Stück gegeben werden.

„Die wenigsten wissen, dass Arnold Schönberg oder Anton Webern nicht nur elitäre Komponisten waren, sondern auch Arbeiterkonzerte leiteten", rückt Violinist Adensamer das Bild von den Vertretern der Hochkultur zurecht. Und er ist sich heute nicht

dafür zu schade, mit seinen feinen Geigerhänden die Einladungs-
flugzettel persönlich an die Gemeindebautüren zu stecken.

Wer es mit der Natur hält, kommt im interkulturellen Nachbarschaftsgarten auf seine Rechnung.

In der Städtischen Wohnhausanlage Oscar-Helmer-Hof im 21.
Bezirk wurde eine Wiese umgemodelt - in kleine Parzellen, die
von derzeit 22 Gemeindebau-Mieterfamilien bearbeitet werden.

„Ein Nachbarschaftsgarten bietet die Möglichkeit, ein Stück Land
mit allen Sinnen zu erleben und nach eigenen Vorstellungen zu
gestalten", erklärte Wohnbaustadtrat Michael Ludwig beim
Startschuss für den kommunikativen Garten. „Außerdem wird er
ein Ort der Begegnung für Menschen unterschiedlicher Generationen und Kulturen, denn das gemeinsame Gärtnern macht es
leichter, aufeinander zuzugehen und neue Kontakte zu knüp-
fen."

Erste Erfahrungsberichte stimmen zuversichtlich. Beim Unkraut-
zupfen kommen die Leut' zusammen, könnte man ein altes
Sprichwort abwandeln. Dazu gibt es Begleitung und

Beratung. Zum Beispiel für ökologisches Gärtnern, oder bei sprachlichen und sonstigen Unstimmigkeiten. Fachleute bieten Informationsabende und helfen mit Tipps.

Diplom-Ingenieurin Rita Mayrhofer ist Landschaftsplanerin und hat gemeinsam mit Kolleginnen Sozialprojekte, wie schon den „Mädchengarten", auf die Beine gestellt. Sie konnte den Wohnbaustadtrat von dem Pilotprojekt überzeugen, „das es zwar in England oder Deutschland schon gibt, aber nirgends in Gemeindewohnhäusern", berichtet Mayrhofer. Anfangs hatten es die Profis mit den unterschiedlichsten Erwartungen zu tun. Diese reichten „vom Schrebergarten bis zum Blumenbeet". Frau Herta Boskovsky („Ja, der Willi, Dirigent vom Neujahrskonzert, war ein Cousin!") hat vor 40 Jahren, da wohnte sie am Land, zum letzten Mal eine Haue in der Hand gehabt. Doch hat sie auf ihrer winzigen Zehn-Quadratmeter-Parzelle die höchste Gemüse- und Obstdichte von ganz überhaupt. „Zwei Kilo Fisolen!" sind darunter.

Dafür hat sich eine vielköpfige Familie, weil in den vier Wänden eben sehr beengt, eine kleine Gartengarnitur hingestellt. „Wir haben mit viel Bauchweh zugestimmt, aber nur, wenn sich auch alle anderen dort hinsetzen können", erzählt Rita Mayrhofer.

Denn der Nachbarschaftsgarten soll nicht zum Schrebergarten werden, er ist ein Begegnungsort. „Und für gar nicht wenige besonders jetzt, in Krisenzeiten, eine willkommene Nahrungsquelle", beschreibt die Organisatorin. Ein bisschen traurig stimmt einen das, und nachdenklich. (War das nicht auch in der Siedlerbewegung der Dreißigerjahre so, dass die Leute vom Angebauten lebten?)

Doch trotz Mangel - immer wieder überwiegt die Freude am

gemeinsamen Tun. Da werden Bohnenpflanzen ausgetauscht, Kräuter zum Beriechen gereicht. Das Ehepaar Fassl kommt gerade noch einen Sprung vorbei und gräbt der Frau Daniela Tanakovič, ehemalige Bosnierin, ein Erdloch, weil diese morgen einen Strauch pflanzen möchte. Das philippinische Ehepaar sieht nach dem Mangold, den es auf seiner Parzelle groß werden ließ. „Kommen Sie morgen zum Paradeiser-Workshop?", fragt die Garten-Expertin. Alle paar Wochen gibt es Wissenswertes. Über Hochbeete, oder über Kräutersalze.

Der Mitgliedsbeitrag pro Jahr kostet erschwingliche 20 Euro. Wickel im Wiener Sinne gibt es kaum. Ja, anfangs hat mancher bei seinen Parzellengrenzen ein wenig geschummelt – was uns von alters her aus dem Ländlichen überliefert ist. Dann wieder wurde die kleine Gartenwerkzeughütte nicht gescheit zusammengeräumt. Aber sonst macht das Gärtnern viel Freude, und so wächst auch die kleine Pflanze namens Zusammenleben ein bisschen stärker, ein bisschen schneller.

Schuld am Nachbarschaftsgarten war in hohem Ausmaß Herr Klaushofer Felix selig. Dieser, seinerzeit Mietersprecher, war schon vor mehr als 20 Jahren gewählter Mietervertreter, heute heißt es Mieterbeirat. „Schuld" am Garten deshalb, weil er die Skeptiker, die es sehr wohl vor Beginn des Projektes gab, davon überzeugte, dass alles ruhig und ordentlich abgehen wird. Dabei wusste er das ja selber nicht!

Aber der Mietersprecher hat ein G'spür für das, was gut und das, was schlecht ist. Ein Muster- und Meisterstück von Klaushofer und seinem Team der Mieterbeiräte ist die erst 2009 fertig gewordene Generalsanierung. Dafür wurde unter Leitung des gelernten Tischlers mediiert, diskutiert und verhandelt, was das Zeug hält.

Nation wurscht. Konflikte, auch auf Mieterebene, gibt es freilich. Aber: „Mir is die Nation, wo der Mieter herkommt, so
wurscht. Wichtig ist, was für ein Problem er hat." Sogar mit den
oft sehr verschlossenen türkischen Zuwandererfrauen hatte
Klaushofer schon eine gute Gesprächsbasis. „Gemerkt habe ich,
dass es gut geht, indem ich die Kinder anspreche, so kommt der
Kontakt zu den Müttern und oft schon reden dann die Damen
neben ihrem Mann mit mir" – was in diesen Kulturkreisen tatsächlich noch eine Seltenheit sein kann.

Doch Gärten entstehen mitunter völlig losgelöst von institutio-
nellen Hilfen. Wer den Gemeindebau Alliogasse
24/Giselhergasse in Rudolfsheim-Fünfhaus betritt, dem fallen
anfangs nur die schönen üppigen Pflanzenecken auf. Je weiter
man sich zu den hintersten Stiegen bewegt, desto mehr überrascht die Schrebergartenidylle: in bescheiden niedriger Umzäu-
nung wuchern prächtige Kübel- und Beetblumen, schieben Gar-
tenzwerge, groß und klein, Schiebekarren, oder gießen Blumen.
Dazwischen ein paar weitere Porzellanfigürchen. Eine Mieterin
hat in Eigeninitiative dieses kitschig-liebliche Hinterhofparadies

hergestellt und sorgt dafür, dass es im Sommer die MitbewohnerInnen erfreut.

Mau. Wie in allen alt eingesessenen Siedlungsgebieten schaut es in den Gemeindebau-Anlagen eher mau mit den kleinen Geschäften aus. Zählte der „Konsum" in der Pionierzeit und bis weit in die Sechzigerjahre fast zur Grundausstattung jedes Gemeindebaus, sind heutzutage lebendige Nahversorger ziemliche Mangelware.

Im Fuchsenfeldhof in der Meidlinger Längenfeldgasse kämpfte Sonja Posch schon seit 1990 für Qualität und ums Überleben. Die quirlige Frau, früher selber als Verkäuferin tätig, hat sich damals selbstständig gemacht und den geschlossenen Greißlerladen im Gemeindebau wieder aufgesperrt. Nur: zu viele Leute kaufen in den Supermärkten, und dann kommt dazu der Bewohnerwechsel: in den Anlagen rund um die Greißlerei sind viele Neu-Österreicher zugezogen, die sich wiederum in den Geschäften ihrer Landsleute versorgen.

Posch schimpft nicht darüber. Es ist eine Zustandsbeschreibung. „Klar, dass Muslime nicht Wurst kaufen, wenn mit dem Messer vielleicht auch Schweinefleisch geschnitten wurde", weiß sie von den Hindernissen im Detail zu berichten. Doch grade jetzt kommt der kleine Ahmed und kauft einen Lolly bei Frau Posch: „Griaß di!" Leider haben weder Greißlerin Posch noch deren Nachfolger das Tante-Emma-Revival im Fuchsenfeld fortsetzen können.

In so riesigen Anlagen wie dem Washingtonhof in Meidling/Favoriten gab es einmal sage und schreibe sechsundfünfzig Geschäfte. Heute sind grade mal ein Greißler, eine Trafik, ein oder zwei Frisöre aktiv.

Immerhin: in einem Torbogenlokal hat sich ein Schneiderlein angesiedelt, das uns fröhlich zuwinkt, und gleich visavis über die Anrainerstraße malt der Künstler Karl Moderer seine ausdrucksstarken Bilder – in einem Pavillonlokal, das vielleicht einmal ein „Konsum" gewesen ist.

Immer wieder nimmt man da und dort wahr, wie Kreative oder Dienstleister, die nicht auf „Laufkundschaft" angewiesen sind, in die Ladenlokale und Pavillons der Gemeindehöfe einziehen.

Deftige Kost, allerdings geistiger Art, wird in einem der ältesten und größten Gemeindebauten Wiens, dem Rabenhof, geboten. Den Grundsätzen des Gemeindewohnbaus entsprechend, wurden die 50.000 Quadratmeter 1925 bis 1929 nach Plänen von Heinrich Schmid und Hermann Aichinger nur zu 38 Prozent verbaut. Dennoch schuf man damit mehr als tausend Wohnungen. Neben den vielen Bau-Details, Fassadenverkleidungen und Spitzbogenbauten war der Kinosaal als universelles Veranstaltungslokal interessant. In diesem wiederum findet man heute das bestens etablierte Rabenhof-Theater. In den 1990er-Jahren Nebenbühne des Josefstadt-Theaters, wurde es später von Karl Welunschek, danach von Thomas Gratzer übernommen. Letzterer zählt zu den immer seltener werdenden waschechten Prinzipalen, die viel mehr als nur „Direktor" oder „Intendant" sind. Im Rabenhof-Theaternest wurden unter anderen Maschek, Stermann und Grissemann, Austrofred und viele weitere Künstler ausgebrütet. Hubsi Kramar spielte dort den Fritzl-Medienhype, Kottan erlebte seine theatermäßige Wiederauferstehung. Das Rabenhoftheater ist ein bisschen wie ein Gemeindebau: mal ziemlich derb, immer sehr geistreich, oft witzig, und eben natürlich immer wieder theatralisch.

Mahlzeit. Nachbarschaftlich aufgekocht wird in der Gebietsbetreuung Ottakring, Gablenzgasse 116. Menschen unterschiedlicher Herkunft bereiten Speisen aus ihrer Heimat zu. Unglaublich, wie genießbar plötzlich die bisher so fremd erscheinende Kultur wirkt. Und das ist auch das Ziel der guten Idee. Es soll schmecken und man soll sich besser kennenlernen. Übrigens war das doch in unserer mitteleuropäischen Tradition immer das Ziel von Tischgesellschaften.

Nur mehr Vergangenheit sind Vereinigungen wie der ARABÖ. Vorsicht – nicht der höchst aktive und ebenfalls aus der Arbeiterbewegung kommende „ARBÖ", das zweite „A" macht den Unterschied und diese Abkürzung steht dann für den Arbeiter Radio Bund Österreichs. Dieser hatte – wie könnte es anders sein – an der Ringstraße des Proletariats, Margaretengürtel 124, seinen Sitz. Ziel des ARABÖ war es, in dem für Österreich 1923 beginnenden Radiozeitalter Mitsprache im RAVAG- (Vorläufer des ORF) Programm zu erhalten. Daraus entwickelte sich sogar eine halbstündige Sendung der Arbeiterkammer und der Arbeiter-Symphonien. Und, weil Radiogeräte kaum erschwinglich waren, wurde vom ARABÖ der Radio-Selbstbau mit Seminaren und Bestandteileverkauf gefördert.

Der Kranich breitet seine Schwingen aus, auf der Siebenerstiege.

Wer aber hätte sich anno 1923 gedacht, dass ein Gemeindebau-Lokal gut achtzig Jahre später Herberge chinesischer Lebensart werden würde!

Denn immer öfter sprießt Neues in seit langem verwaisten ehemaligen Lokalen in Gemeindebauten, an denen die Staubschicht an den Auslagen ermessen lässt, wann hier zum letzten Mal etwas verkauft wurde. Studios, Ateliers, Kreativgeschäfte oder auch Greißlereien ziehen wieder ein. Ganz im Sinne des Kapitels: Biotop und viel mehr als nur Wohnen.

Früher Abend am Landstraßer Fiakerplatz. Im Saal, der im ersten Stock oberhalb des Hofeinganges zwei Stiegen überspannt, breiten Kraniche ihre Schwingen aus, und Schützen spannen den Bogen. Jede Bewegung fließt, wogt, gleitet. Zwischendurch markerschütternd vorgestoßene Anweisungen.

In Jian Lis Institut wird wieder Tai Chi trainiert. Schützen und Kraniche sind zwei von vielen Figuren, die der chinesische Mix aus Tanz, Kampfsport und Gymnastik kennt.

Herr Li wurde groß im System Mao Ze Dongs, mit Disziplin, Strenge und Drill. Selbst wenn es keiner mehr für richtig hält – es könnte der Schlüssel zu seiner Karriere gewesen sein. Denn der frühe Sechziger mit dem Aussehen eines frischen

45jährigen schaffte es bis ans Mozarteum Salzburg und an die Wiener Volksoper. In Peking Mitglied des Peking-Oper-Ensembles, arbeitete und arbeitet Li in Österreich als Tanzchoreograf, Tanzlehrer und Berater bei Opernproduktionen – wie im „Land des Lächelns", wo ihm selbst Klaus-Maria Brandauer gar nicht schwierig vorkam. 2003 fand der charismatische Chinese, der mit seiner Frau das Institut managt, neuen Raum für seine Projekte – das Jugendzentrum am Fiakerplatz war geschlossen worden.

Natürlich war das eine gute Vorgabe, da viele Mieterinnen und Mieter im Gemeindebau die etwas lautere Jugendszene nicht gerade begeistert verfolgt hatten. „Die Leute haben mir gesagt, wir sind ja so froh, dass sie hier her gekommen sind!" lacht Herr Li, wohl wissend, dass sich die Freude in erster Linie in der Erwartung meditativer Ruhe statt den vorherigen Technoklängen erschöpfte.

Doch in den vielen Jahren, in denen Herr Li und seine Gattin am Fiakerplatz Tai Chi, Chi Gong, Chinesische Malerei, Traditionelle Chinesische Medizin, Chinareisen, Feste und alles für Sinophile anbieten, gab es keine „Anständ'". Schade findet es der Bewegungskünstler nur, dass noch immer da und dort eine Barriere besteht – etwa, wenn er um die Erneuerung der Siebzigerjahre-Fenster einkommt. Da merkt er dann, dass ihm die Sprachgewalt ganz gut täte – Wienerisch gesagt – das Goscherte. Doch wer so elegant Bewegungen aufs Parkett zaubert, kann einfach die Eleganz nicht im Vorzimmer lassen, selbst wenn es manchesmal besser schiene.

Der Tai Chi Abend geht nahtlos in Tai Chi Tanzen – eine Form chinesischen Ausdruckstanzes – über. Die Kunden sind von überall her, oft sogar um's Eck zu Hause – nur aus dem eigenen Gemeindebau kommt bisher niemand. Es könnte sein, dass viele von ihnen noch zu sehr im Überlebenskampf stecken. Und da ist kein Platz für sanfte Bewegungen.

Bau-Juwelen

Menschen hinter dem Türschild

Frau Gerti und Bub Patrick gehen in seltsamer Formation durch die Siedlung Am Schöpfwerk. Bis man sieht: Frau Gerti hat einen Stock und schaut etwas leer in die Weite. Gertraud S. ist blind. Patrick ist der Bub vom selben Stiegenhaus, der ihr immer wieder hilft, Gesellschaft leistet, einfach plaudert. Ein zarter, schmächtiger, lieber Bub. Frau S., die Mutige, fährt gerne Tandemrad, wenn ihre Freundin nicht gerade auf Urlaub irgendwo in Österreich ist, auf dem Doppelsattel. „So gehe ich ohne weiteres überall alleine hin. Nur vor dem U-Bahn-Fahren habe ich solche Angst", schildert sie eines ihrer Handicaps.

Gut ist Gerti S. mit Renate Schnee, der „Mistress of Bassena", von Anbeginn dabei. Die quirlige und umsichtige Frau hat auf und für Menschen wie Gerti ein ganz besonderes Auge. Dass diese nämlich ein Stück Lebensqualität mitergattern. Obwohl sie blind, gehbehindert oder anderwärtig in ihrem Aktionsradius eingeschränkt sind. Frau Gerti, Bub Patrick und Frau Schnee sind ein lustiges Dreiergespann, wenn sie eine Runde durch das Schöpfwerk ziehen. Da wird wenig Mitleid laut, da geht es darum, Neues zu lernen, neue Fähigkeiten zu erwerben. Patrick ist kein reicher Bub, aber so gesehen ist er privilegiert, das schon früh mitzuerleben.

Renate Schnee sieht man an, dass für sie Bassena und Schöpfwerk kein Job sind, sondern ein Lebenswerk, ein Projekt höchster

Ordnung. „Bei uns in der Bassena darf man sich auch manchmal daneben benehmen oder anständig streiten. Nur reden muss man nachher darüber", ist eine der wichtigen Grundsätze und Erfahrungen, die sie nicht aus einem Seminar, sondern aus dem prallen Leben gezogen hat.

Gemeindebauten stecken überhaupt voller Überraschungen. Vielleicht, weil man in ihnen bloß Schlafstätten für nicht besonders Wohlhabende sieht, Orte des Existenz- und Überlebenskampfes? Hinter den Türschildern der Gemeindewohnungen finden sich sehr viele interessante Menschen. Menschen mit besonderen Bedürfnissen und besonderen Fähigkeiten. Menschen mit einer kleinen oder großen Geschichte in ihrem Lebenslauf. Menschen, die aus sich – und aus dem Bau – heraus gehen und damit auch für Gesprächsstoff sorgen. Menschen, die vielleicht einfach nur menschlich sind.

Gegen das Auseinanderdriften. Dagmar Casagrande ist eine außergewöhnliche Frau. „Willkommen im Kulturforum Sandleiten, bei unserer Veranstaltung Spurensuche!" Sie hat vor mehr als zehn Jahren einem Arbeiterheim wieder Leben eingehaucht. Gemeinsam mit einem Trüppchen vorwiegend weiblicher Mitstreiter verwandelt sie binnen 30 Minuten die soeben noch als Pensionistenklub dienenden Räume in ein Vernissagenlokal und macht Klarinettenmusik, Lesung und Bilderbetrachtung möglich. Gut hundert Leute sitzen dicht an dicht in dem vor rund 80 Jahren geschaffenen Arbeiter-Theater im Matteottihof und lauschen den Ausführungen von Musikerinnen und Künstlern. Im improvisierten Foyer sind Küchlein aufgeschnitten, der Wein ist bereit, zum weißen Spritzer zu werden. Die Siebzigerjahre werden im Retro-Zeitgeschmack als staubig-charmante Umgebung wahrgenommen.

Dagmar Casagrande, Herz und Seele des Ortes: ihr ist es gelungen, der auseinanderdriftenden Gemeindebaugesellschaft etwas entgegen zu halten. Es hat etwas mit Familie oder deren Ersatz zu tun. Da ist es egal, ob Ausstellungen eröffnet, Konzerte gespielt oder Lesungen gelesen werden. Man kommt zusammen. Und das wärmt.

Wolken ziehen. Živorad Mitrašinovic Jezavski schaut auf den Wilhelminenberg, auf die schönsten Vorboten des Wienerwaldes, auf den hellblauen Himmel und die wirbeligen Wolken. Darum würde man ihn gerne beneiden. Nur: Živorad Mitrašinovic Jezavski ist seit einem Kopfsprung in zu seichtes Wasser querschnittsgelähmt. Als wir ihn besuchen, geht es ihm ganz schlecht und er muss seit Monaten schon nahezu reglos liegen. Die schlaffe rechte Hand, die zum Gruß ergriffen wird, bleibt auf der Bettdecke. „Ich denke auf Serbisch und ich schreibe auf Serbisch", sagt der in Serbien Geborene. Denn seine Gedanken sind schwer – nicht depressiv, sondern schwer zu verfolgen. Im Deutschen würde er selbst nicht zu Rande kommen, mit dem Formulieren. Der schönstes Hochdeutsch sprechende Mittfünfziger ist froh über seine seit mehr als 25 Jahren neue Heimat Österreich.

„Meine Heimat ist dort, wo es mir gut geht", sagt Jezavski. Und hier geht es ihm gut. Den Verhältnissen freilich entsprechend. Im Ottakringer Sandleitenhof, wo er derzeit in einem Zimmer einer

betreuten Wohngemeinschaft lebt, gefällt es ihm. „Besonders gefällt mir die Architektur mit ihrer Freiheit und Ruhe", schätzt er seinen Gemeindebau. Nachbarin Dagmar Casagrande – wer anders könnte es sein, die ihm vor seiner nunmehr schwerer gewordenen Krankheit, per Rollstuhl in die Bücherei Sandleiten, um die Ecke, chauffierte, damit er dort eine Lesung aus seinen Werken halten konnte. Er, PEN-Club-Mitglied und mehrfach ausgezeichneter Poet, hat bereits vier Bücher, davon einen Gedichtband, herausgebracht, drei davon warten darauf, ins Deutsche übersetzt und verlegt zu werden.

Was er jetzt tut, ans Bett und den schönen Ausblick gefesselt? „Derzeit schreibe ich im Kopf, mache Pläne", sagt er ruhig und lässt keinen Vorwurf an sein Schicksal mitschwingen.

Auch Kurt Treml, zur Zeit unserer Recherchen noch am Leben, kann so leicht nichts mehr erschüttern. „Als Kleinkind musste ich bei meinen Eltern quer über den Kopfpolster schlafen, weil sonst kein Platz war". Der 1923 Geborene zog als einer der ersten in den Karl-Marx-Hof – zum ersten Mal ein eigenes Bett, ein paar Lauf-Meter für sich selbst, eine neue Welt. Kurt Treml, dem im Zweiten Weltkrieg das Bein weggeschossen wurde, hat als Kind die Beschießung des Karl-Marx-Hofes miterlebt, Nachbarn sterben oder in die Deportation verschwinden sehen. Seit der Groß-renovierung der Anlage in den 1980er-Jahren ist Treml oberster Mietervertreter für die gut 1200 Hausparteien auf 98 Stiegen – und geachtete und beliebte Instanz bei Älteren wie Jüngeren. Sein meist freundliches Gesicht zeigt nichts von den Schmerzen, die sein vom 2.Weltkrieg übrig gebliebener Beinstumpf in Erin-nerung bringt. „Die Leute kommen zu mir wegen aller möglicher Gebrechen, oder, weil sie eine größere Wohnung brauchen", erzählt Treml von den rund zwei bis fünf Interventionen, die ihm während seiner wöchentlichen Sprechstunden vorgetragen wer-den. Oder es sind knifflige Fälle – etwa, wenn sich ein Mieter über seinen Nachbarn im Stockwerk darunter beschwert: „Der lässt Tag und Nacht das Fenster offen". Wir haben dann nachge-forscht und es stellte sich heraus, dass seine Ehefrau unbedingt Sender aus ihrer Heimat im Fernsehen schauen wollte. Um die zu empfangen, haben sie die Satellitenschüssel bei offenem Fes-ter ausgerichtet und lieber gefroren", erzählt Treml. „Klar, dass er eine gescheite Lösung gefunden hat", lobt Gustav Posch. Heute gibt es im Karl-Marx-Hof das früher Undenkbare: ein katholischer Diakon und ein evangelischer Pfarrer halten immer wieder im Mieterbeiratszimmer Gottesdienste ab. Die Bruchlinien sind nicht verschwunden, sie haben sich wahrscheinlich nur woanders hin verschoben. Im Lauf des Gespräches füllt sich der Raum in der Zentralwaschküche. Mietervertrauensleute kommen, oder einfach nur Bekannte, die auf ein Plauscherl vorbeischauen. Auch hier so etwas wie Familie, während daneben, im riesigen Saale, an die hundert Waschautomaten ihr Inneres hin und her wälzend für diesige subtropische Klimaverhältnisse sorgen.

Bevor Kurt Treml 2010 endgültig die Augen zumachte, hatte er den Menschen unendlich viel gegeben.

Orte des Unvermuteten. Hoch oben, auf einem Dach von Ottakring, wurde vor etlichen Jahren noch Wäsche in die Waschküche geschleppt und auf dem Trockenboden aufgehängt. Heute dient die alte Dachwaschküche im Gemeindebau dem ehemaligen Verlagsleiter und nunmehrigen Pensionisten (besser: Unruheständler) Franz Machaczek als Atelier für seine grafischen Kreationen. „Immer wieder verirren sich Besucher, die zum ersten

Mal zu mir kommen", lacht Machaczek, denn: wer vermutet schon eine grafische High-Tech-Bastelstube dort, wo früher die Wäschekessel standen. Die 86 Stufen ins – aufzugfreie - Juchhee, in dem lange Jahre nur die Tauben gurrend ihre Paarungsrituale begingen, haben Herrn M. jedenfalls zum Bewegungsfanatiker gemacht: „Mehrmals täglich rauf und runter, das hält einen schön fit!" Ein paar Schritte hinter dem Mini-Atelier dann der Wäscheboden. Vergilbte Hinweiszettelchen, durchhängende Leinen: hier wurde schon länger keine Wäsche mehr getrocknet. „Weiter drüben", sagt Freund Machaczek, und deutet südwärts, immerhin ist es ein Riesenbau. „Dort sind sie noch aktiv, die Hausfrauen."

Sprechstunden, ganzjährig. In einem Gemeindebau, drunten im Alsergrunder Lichtental, sind in den Siebzigerjahren Hans und Inge Smejkal eingezogen. „Für uns war das ein Glücksfall", schildert Frau Smejkal, denn „wir hatten damals nichts". Dass die damals unbekannte junge Wienerin spätere Sozialstadträtin und dann Wiens Vizebürgermeisterin werden sollte, hat damals sie selbst am wenigsten geahnt. Bei jedem Schritt auf der Sprossenleiter der Karriere gab es jedoch die Diskussionen: darf ein Spitzenmandatar im Gemeindebau wohnen?

Inge Smejkal, heute zwar Pensionistin, aber nach wie vor politisch und gesellschaftlich höchst aktiv: „Damals hat Bundeskanzler Sinowatz uns gesagt, wir sollen als Politiker nicht den Boden verlieren". Dass Inge Smejkal und ihr Hans – auch er im Bezirk politisch tätig - im Gemeindebau geblieben sind, ist vielen ihrer Mitbewohner zugute gekommen. „Bei uns ist es in aktiven Zeiten zugegangen wie bei einem guten Zahnarzt!" erinnert sich die ehemalige Zilk-Stellvertreterin. „Um sechs in der Früh haben die Leute geklingelt." Mühsam mitunter, aber: bei den Smejkals ist auf solche Weise nie die Bodenhaftung verloren gegangen, wie es über manch andere Politiker beklagt wird. Und selbst jetzt, im Ruhestand, läutet es oft an der Wohnungstür. Wenn zum Beispiel eine Nachbarin, „die Elfi", Kleider für den bevorstehenden Flohmarkt bringt – ein Gutteil davon wird vorab in Frau Bürgermeisters Arbeitszimmer gelagert. Und wenn sich unten auf der Nachbarstiege das Fenster öffnet und die Frau Gerti, Fußpflegerin, „danke für's Aspirin gestern!" ruft, mit dem ihr Inge Smejkal gegen das Kopfweh ausgeholfen hat, dann weißt Du: Gemeindebauleben findet hier statt. Unverfälscht und ungekünstelt.

Heimhof, 15. Bezirk. Ursprünglich Christlich-Soziales Heim für allein-stehende Mütter

(Neu)Rosen schneiden. Für den Psychotherapeuten Herbert K. ist sein Zwanzigerjahr-Gemeindebau auf der Thaliastraße seit 24 Jahren Wohnung und Praxis. „Ich liebe das Urbane, das ist mir lieber als irgendwo in einer abgelegenen Gegend zu wohnen". In die Gemeindewohnung kam Klein „als junger Psychologe mit unverhofftem Kindersegen", erinnert er sich lächelnd. Schon davor hatte er als Student einen sogenannten „Einzelraum" in einem

Gemeindebau nach schlimmem Untermieterdasein nahezu als himmlisch empfunden. Der erfahrene Seelenforscher liebt „die

Vielfalt", sprich: das Zusammenleben vieler Kulturen, „das bei uns weitestgehend konfliktfrei funktioniert." Und wenn nicht, „bin ich auch schon mediatorisch in Erscheinung getreten", erinnert er sich mit einem breiten Lächeln. Tatsächlich kommen Mitbewohner immer wieder an seine Wohnungstür, um ihn um guten Rat zu fragen. „Den geb ich gerne, nur leider muss ich jene, die in meine Praxis kommen möchten, weiter zu Kollegen schicken. Nachbarn in Therapie, das wäre unvereinbar." Manchesmal läuten völlig unangemeldet Unbekannte an der Praxistür, „die haben das Schild gelesen und sagen, Herr Doktor, ich hab so Probleme, helfen Sie mir." Schade findet es der Psychotherapeut, „dass man neue Mieter nicht in ihre Wohnumgebung einführt. Die wissen oft nicht, wo Müllcontainer

stehen, kippen dann – völlig ahnungslos und ganz ohne böse Absicht – ihren Mist zum Altpapier. Solche Dinge führen dann sehr leicht zu Missverständnissen, die man mit gezielter Kommunikation leicht vermeiden könnte", ist sich der Therapeut gewiss. Immerhin hat er selbst schon mehrmals inoffiziell als Auskunftgeber fungiert. Wenn Klein sich nicht hauptberuflich in der im Parterre angesiedelten Praxis mit Neurosen beschäftigt, schneidet er gerne im Innenhof die Rosen zurück – ein Ehrenamt, das er als fast hausältester Mieter gerne ausübt. Dass es Klienten gab, die die Lage der Praxis in einem abgewohnten Zwanzigerjahre-Gemeindebau naserümpfend bemängelten, konnte Herbert K. immer verschmerzen, aber nie verstehen. „In meine Praxis kommen immer wieder Persönlichkeiten, die im öffentlichen oder im Wirtschaftsleben stehen, denen macht die Lage überhaupt nichts.

Keine Bissgurn. Hausbesorgerinnen galten früher als ziemliche Bissgurn – ein alter Wienerischer Ausdruck für resolute, wortgewaltige Frauen. Heute sind es gerne rundliche, fesche, kluge und überaus hilfsbereite Damen, die so einen Bau sauber und zusammen halten.

Gaby Klomfar ist so eine. „In unserem Haus wohnen über zehn Nationen friedlich zusammen", weiß sie ganz am Anfang zu berichten.

Aktuell sind es: Tibeter, Inder, Serben, Kroaten, Asiaten, Araber, Afrikaner – und teilweise sind es ganz entzückende Leute!" Sie selbst, die schon immer Gedichte und Geschichten geschrieben hat und naturgemäß gut beobachtet. „In einer Wohnung hatten wir eine Wienerin, die ist immer mit Kirschen zu mir gekommen. Kirschen aus ihrem Schrebergarten. Die Frau ist schon gestorben. Ihre Nachmieter sind Serben, und siehe da, tauchten die nicht nach dem Urlaub mit Kirschen bei mir auf, aber halt aus Serbien!"

Das von der Hausmeisterin und den BewohnerInnen geschaffene gute Klima lässt auch gute Ideen wachsen. So hat ein Mieter, der Herr Wiener, von Beruf Bauleiter, begonnen, das Rondeau im Hof mit Kapuzinerkresse zu bepflanzen. In Eigenregie. Der junge Mieter kümmert sich rührend um die Pflänzchen und deren Wohlergehen.

Angefangen hat Gaby Klomfar mit 21 Jahren, da war sie die kleine, schüchterne Hausmeisterin. Heute hat sie jahrgangsmäßig schon etliche ihrer MieterInnen überrundet, was der Quirligkeit der agilen Oma aber überhaupt keinen Abbruch tut. Der Bau in der Wiedener Favoritenstraße umfasst eine Waschküche, drei Stiegenhäuser, davon eines mit sechs Stockwerken ohne Aufzug, sechzig Wohnungen und Geschäfte.

Doch der Job hat auch seine deutlichen Vorteile: „Gerade als

Alleinerzieherin, als die Kinder klein waren, konnte ich mir die Zeit gut selber einteilen", erinnert sie sich. Da nimmt man dann auch müde werdende Bandscheiben in Kauf, wenn in starken Wintern täglich frühmorgens Gehsteige und Wege frei zu schaufeln sind. Oder viel mehr noch das hohe Maß an Zuwendung, das es braucht, um die Menschen zu mögen – „ohne Wenn und Aber. Denn im Mikrokosmos Gemeindebau menschelt es oft gewaltig", lacht Klomfar. „Nicht immer sind die Dinge, die passieren, lustig. Manchesmal bricht aber doch die Situationskomik durch". Sehr oft versteht sie sich als Mediatorin, „vermittelnd eingreifen – das geht nur, wenn ich nicht selbst Aggressionen entwickle, sondern einen Abstand halten kann. Dann lassen sich auch die jeweiligen Standpunkte beider Konfliktparteien ein bisschen besser verstehen. Und nur so kann man mithelfen, dass die Leute zu Kompromissen finden. Denn ohne die geht es nicht, bei so vielen so unterschiedlichen Menschen im Bau".

Ob sie, die schon Mehreres in Anthologien veröffentlicht hat, auch ein Hausmeisterbuch schreibt? „Das heb ich mir aber für die Pension auf", meint sie diplomatisch. Lachend erinnert sie sich an ihren Auftritt im Minitheater „Die Tribüne" des Café

Landtmann: „Dort hat mir der Leiter des Theaters eingeschärft, ich soll ja nicht sagen, dass ich Hausbesorgerin bin.“

Die Wertschätzung für den Hausmeister ist in den jüngeren Zeiten deutlich gestiegen. Als Gaby Klomfar einmal wieder bei Extremtemperaturen im Sommer zur Klimaabkühlung den Gehsteig abspritzte, sagte eine Mieterin zu ihr: „Einmal wirst Du noch einen Oscar bekommen“.

Eine Achtzigjährige fürchtete sich davor, durch ein Kellerprovisorium in ihre Wohnung im Erdgeschoß zu gehen. „Die hatte Angst davor, dass sie vergewaltigt wird. Da hab ausgerechnet ich als knapp Zwanzigjährige sie notgedrungen jedes Mal begleiten müssen.“

„Oder da sind Leute zu mir gekommen, und haben gebeten, ich soll ihren Nachbarn sagen, dass sie leiser ihre ehelichen Pflichten erledigen müssen. Oder eine depressive, selbstmordgefährdete Frau. Mit der habe ich viel Zeit verbracht und immer wieder meine alten Kabarettplatten zur Stimmungsverbesserung aufgelegt.“ Oder die Witwe, die den Tod des geliebten Mannes nicht verwinden konnte und nichts mehr essen konnte. Der kochte

Frau Gaby Mahlzeiten und schaute zu, dass sie diese auch zu sich nahm.

Und dann wieder, wenn Menschentragödien in Katastrophen münden, nützt alles Bemühen nichts. Dann kann man nur trauern und bedauern. Auch das hat die Hausmeisterin erfahren müssen.

Dass die modernen Zeiten auch vor den Hausbesorgern nicht Halt machen, muss Gaby vor allem im Winter beklagen: „Beim Schneeräumen kommen immer mehr Leute in ihre Smartphones vertieft daher, und stürzen über die Schaufeln.“

Renate Krautz ist ein ähnliches Kaliber. Das Haus Lustkandlgasse 26-28 hütend, hat sie für alle Bewohner ein Lächeln, ein nettes Wort. Die fleißige Hausmeisterin hat aber neben ihrem Gemeindebau noch eine Leidenschaft, die schon zu groß geworden ist, um sie noch als „geheim“ zu bezeichnen. Frau Krautz ist der Colaphilie erlegen. Die soeben entstandene Wortschöpfung meint nicht eine ansteckende Krankheit. Nein, gemeint ist die Sammelleidenschaft von Frau Krautz: Coca-Cola-Devotionalien. Alles, was Colawerbung, Coca-Cola-Gläser, Coca-Cola-Spielzeug oder Coca-Cola-Wäsche bedeutet, wird in Renate Krautz' Wohnzimmer gesammelt. Sie selber traut sich nimmer zu, die Zahl der guten Stücke zu schätzen. Der Besucher denkt an gut fünfhundert Leiberl, Gläser, Halstücher, Dosen und andere Stücke. Das Lustige dran: die Sammlerin ist eine sehr verhaltene Cola-Trinkerin. Gottlob hat auch die Hauskatze eine Eigenschaft vieler Katzen nicht: sich an Gegenständen emporzuhanteln, Gläser von Vitrinen zu räumen, oder Textilien als Kratzobjekte zu missbrauchen.

Vor-Gebaut

Wirtschaft, Politik, Ökologie. Und Bau-Zukunft.

Wo geht er hin, der gemeindebetriebene Wohnbau?

Hubert Lazelberger ist Magister der Soziologie, und macht sich als einer, der voll in der Betreuungspraxis steht, seine Gedanken. „Derzeit erleben die Menschen die Existenz in einem Gemeindebau noch als sozialen Abstieg", weiß der junge Soziologe. Im Unterschied zu Migranten, für die der Gemeindebau oftmals das Paradies darstellt. „Das Image der Außensicht entscheidet oft über die eigene Wohn- und Lebenszufriedenheit". Was schlimm ist. Denn die Gemeindebauten, dass wissen wir spätestens nach Lektüre der voran gegangenen Kapitel, sind viel besser als ihr Ruf. So machen also ein paar Massenmedien und ein paar Rechtspolitiker das Selbstbewusstsein vieler Menschen fast kaputt.

Während des Spaziergangs durch den George-Washington-Hof gibt es aber schon auch ein paar Sonnenstrahlen. Wenn etwa Christoph Floner, studierter und praktizierender Sozialarbeiter, meint, dass Eigeninitiative fördern und Hausmeister Wiederbeleben durchaus ein Mittel zu höherer Qualität im Lebensgefühl sein könnte.

Spontan sagen beide Experten „Ja!", wenn wir nach der Wertehaltung der Menschen in den Gemeindebauten fragen. „Auch sehr hohe soziale Werte sind das, wie Nachbarschaft, Solidarität", die aber im

alltäglichen Existenz- und Grabenkampf verschüttet seien. Wo Werte wie Privatsphäre, Ruhe im Vordergrund stehen. „Diese Menschen hier, die müssen die Integration tatsächlich bewerkstelligen, also leben!" sagt Floner. Und meint damit, dass das, was in Zahlen gegossen in Berichten und Statistiken vorliegt – also ein sehr hoher Anteil migrantischer Gemeindebaubewohner – in der täglichen Praxis, im Zusammenleben von den ohnehin nicht sehr mit Zeit, Geld und speziellem fachlichem Rüstzeug ausgestatteten „österreichischen" Mietern gemanagt, ausgehalten, bewerkstelligt werden muss.

Eine Menge Herausforderungen, die ihrer Bewältigung harren. Höchste Flexibilität ist gefragt. Damit es nicht so kommt, wie in dem von den beiden Fachmännern geschilderten, derzeit unlösbaren Fall. Mitten in einem Gemeindehaus mit Uraltmietern wurde ein hyperaktiver 25jähriger in einen Einzelraum eingemietet. Der junge Mann sei noch dazu DJ, müsse also immer wieder für seine Disconights proben. Anderswo hätte vielleicht der Bär gesteppt, in dem Haus mit den vielen alten Leutchen war der Bär jedoch los, wie man sich gut vorstellen kann. Möglicherweise können zukünftige Strukturen ja auch in solchen Fällen rasch helfen, die derzeit praktisch unlösbar sind. Ähnliche Fälle gibt es nicht so wenige.

Bleibt kommunal. Von 2005 bis 2015 war der der kommunale Wohnbau nur mehr kommunal geförderter Genossenschaftswohnbau. Kommunal die Förderung, die die Stadt Wien dem genossenschaftlichen Wohnbau zuteil werden ließ.

So war die Stadt Wien nicht mehr „Bauherr" im klassischen Sinne – sie sicherte sich jedoch mit der Finanzierung ihren Einfluss auf architektonische und innenarchitektonische Gestaltung,

Weissenböcksiedlung, Simmering

Gemeinschaftseinrichtungen, soziale und Verkehrs-Infrastruktur und – ganz besonders: Wohnungspreise.

Im Jahr 2015 traf die sozialdemokratische Stadtregierung die Entscheidung, den kommunalen Wohnbau wieder in die eigene Hand zu nehmen. Der hohen Nachfrage und der auf dem freien Markt kaum erschwinglichen Mietkosten wegen.

Wien ist nach wie vor weltweit größter Hausverwalter. Und – einmalig in Europa – leben zwei Drittel aller WienerInnen in einer geförderten Wohnung.

Bisher hatte der kommunale Wohnbau drei wichtige Kriterien aufzuweisen: Architektur, Ökologie und Ökonomie. Neuerdings wird eine vierte Säule dazu gestellt, es ist die soziale Nachhaltigkeit. Das heißt unter anderem, dass die Wohnungen mit den Menschen und deren Entwicklung mit"wachsen" können. Dass die Bedürfnisse junger Familien anders ausschauen als die älterer Ehepaare und dass daher Wohnungen so beschaffen sein müssen, dass sie bei Bedarf größer, kleiner, vielleicht auch behindertenfreundlich gemacht werden können.

Das Wiener Wohnen prägt nicht nur die Wohn-Mieten-Landschaft durch günstige Miet- und Erhaltungskosten, sondern schafft auch Arbeitsplätze. Rund 23.000 Menschen sind es, die dank Wiener Wohnbau beziehungsweise Verwaltung beschäftigt werden können.

Bei den jüngsten Mieterbefragungen ergab sich, dass die Wohnzufriedenheit stark mit dem Zustand der Gebäude selbst zusammen hängt. Daher wurde 2008 die Sanierungstätigkeit verstärkt und ein eigenes Sanierungsmanagement geschaffen, das jährlich – 2010 beispielsweise mit 192 Millionen Euro – massive Renovierungsschübe auslöst.

Auch die alten Kommunikationsstrukturen wurden überdacht. Waren früher, HausmeisterIn, Hausinspektor oder Bezirksrätin und Bezirksrat des Grätzels die Ansprechpartner in vielen Angelegenheiten – und natürlich in denen des Gemeindebaus – geht es heute nicht mehr ohne professionelle Kommunikation. Daher wurden Gratis-Hotlines für MietervertreterInnen eingerichtet und ein Wiener Wohnen Unterwegs – Informationsbus in die Bauten geschickt.

Die Wohnpartner als Fortsetzung der Gebietsbetreuungen sorgen für die Mieter und deren Anliegen, und „Hofgespräche" mit den Bezirksverantwortlichen führen oft zu sehr direkten und einfachen Problemlösungen.

Der alte Begriff der „Hausordnung" löste in Wien und seinen Gemeindebauten einen neuen Bewusstseinsprozess aus: betont wird damit, dass nur das Einhalten bestimmter Regeln zu einem guten Zusammenleben führen könne.

Damit im Einklang entstanden auch Initiativen, die neue MieterInnen in ihre Wohnungen begleiten und dort mit den Haus-Einrichtungen vertraut machen. Auch wegen der neu einziehenden ÖsterreicherInnen, die aus dem Ausland zugezogen sind, ist diese Anpassung an Wiener Gebräuche und Gepflogenheiten ein wichtiger Schritt. Was nützt es schließlich, wenn mehrere Milieus in einem Haus vor sich hin wohnen, statt zusammen zu leben!

Unweigerlich ergeben solche Zufalls-Agglomerate Konflikte.

Man denke nur an ganz einfache Beispiele: Herkunftsgruppe Nr. 1 schläft von 0.00 Uhr bis 8 Uhr morgens, Herkunftsgruppe Nr. 2 von 21.30 Uhr bis 5 Uhr morgens, Herkunftsgruppe Nr. 3 wiederum ist flexibel und schläft, wie es gerade passt. Ohne sich da auf eine gemeinsame „Kern-Schlafenszeit" zu einigen, kommt es eben auf Dauer zu Unstimmigkeiten. Denn: Schlafraub ist zwar kein strafrechtliches Delikt, aber eine der schlimmsten Dinge, die man dem Nächsten antun kann.

Nun, und das ist nur ein einziges von vielen Beispielen. Noch weiter gedacht: es bedarf ja nicht einmal unterschiedlicher Herkunftskulturen, um Konflikte wie die geschilderten zu erzeugen. Da genügt es schon, wenn Arbeiter, höhere Angestellte, Arbeitslose, Pensionisten und Studenten unter einem Dach wohnen.

Nicht nur Regeln und Kontrolle sollen sozialen und ethnischen Spannungen vorbeugen. Wichtig ist es, dass keine Gettos entstehen – das haben die Probleme in den Pariser und Athener Vorstädten gezeigt.

Der amtierende Wohnbaustadtrat Michael Ludwig will den Kurs der Durchmischung forcieren. Was bedeutet, dass selbst jene Familien, die sich die Wohnung aus Eigenem gar nicht leisten könnten, in der Vergabe moderner kommunal geförderter Wohnungen berücksichtigt werden. „Es muss allen sozialen Gruppen möglich sein, im geförderten Wohnbau die entsprechende Wohnung zu finden. Man soll nicht schon nur anhand der Wohnadresse feststellen können, welchen sozialen Hintergrund ein Mensch hat", so das Credo.

Das erinnert an die Pionierzeiten des kommunalen Wohnbaus – etwa, als „noble" Adressen wie die des Karl-Marx-Hofes, bebaut wurden.

Schraubendrehen. Der kommunale Genossenschaftsbau im noch ziemlich frischen dritten Jahrtausend richtet seine Schwerpunkte natürlich auf die Zeitströmungen und Bedürfnisse der in diesem Jahrtausend lebenden Menschen aus.

Auch wenn die Grundinteressen seit den 1920er-Pionierjahren dieselben geblieben sind: erschwingliche Mieten, lichte Wohnungen, gute Hygieneanlagen, gemeinschaftliche Einrichtungen, geschütztes Grün, ändern sich Ansprüche und gesellschaftliche Notwendigkeiten.

Daher spricht Michael Ludwig vom „Schraubendrehen", wenn es um die Modernisierung und Anpassung des Wohnbaus an die neuen Bedürfnisse und Entwicklungen geht.

Trendsetter öffentliche Hand. War „Ökologie" bis in die 1990er-Jahre im Wohnbau nicht wirklich ein massenwirksames Thema - sieht man vielleicht einmal von den Asbestsanierungen an vielen Bauwerken ab - so stehen auf einmal „Niedrigenergie" oder „Thermisch energetische Wohnhaussanierung" („Thewosan") ganz oben auf der Liste. Dabei wird nicht nur beträchtliche Energie gespart, um die Klimaschutzziele näher zu rücken. Auch die Energiekosten für die beteiligten Haushalte verringern sich um bis zu 50 Prozent.

Wie so oft ist auch hier die öffentliche − städtische − Hand Trendsetter: die Stadt bietet auch Privaten Förderung zur energiesparsamen Umgestaltung der Wohnhäuser. Auch Passivhaus- und Niedrigenergiebauten werden von der Stadt vorangetrieben. Oberster kommunaler Wohn-Bauherr Ludwig sieht neben der energiesparenden Bauweise auch in der Nachhaltigkeit des Bauens große Herausforderungen. Die Frage, was ein Gebäude in seiner langfristigen Erhaltung kostet, ist von ganz entscheidender wirtschaftlicher Bedeutung.

Nicht nur ökologische Nachdenk-Prozesse sollen mit der

Autofreien Siedlung gesetzt werden, wie sie in Floridsdorf von der Gemeinde Wien finanziert und beauftragt wurde. Das übliche Verhältnis 1,0 Autostellplatz pro Wohnung wurde in diesem Konzept kurzerhand auf 0,1 Stellplätze pro Wohnung umgewandelt. Dafür bietet die Siedlung viele Gemeinschaftseinrichtungen, Radwegeanbindung, Öffentliche Verkehrsmittel und Car-Sharing-Modelle an. „Smart Wohnen", das den neuen urbanen Lebensformen entgegenkommt, ist das neueste Leitmotiv.

Generationen Wohnen. Neue Schwerpunkte werden im Zusammenleben von Alt und Jung gesetzt. Generationen Wohnen meint, dass ältere und jüngere Menschen in einer Anlage zusammen wohnen. Dabei wird aber auf die Bedürfnisse der Generationen – also etwa Barrierefreiheit – Rücksicht genommen. Ähnliche Formen findet man in betreuten Wohnformen für ältere Menschen, aber auch in Anlagen, die speziell für das Zusammenleben mit behinderten Menschen ein- und ausgerichtet sind.

„Kalypso" nennt sich ein Bauteil im Meidlinger „Kabelwerk". Dabei wurde ein Teil der Wohnungen im Kontingent an einen Verein übertragen, der wiederum nur Mietverträge mit Frauen abschließt. Das Frauenwohnen im Kabelwerk bietet Wohn-„Hard- und Software". Einerseits durch mehrere Gemeinschaftseinrichtungen, aber auch durch entsprechende Service- und Netzwerkhilfen, die auch alleinerziehenden Müttern im Lebensalltag hilfreich sind.

Mitunter werden spezielle Bauanliegen mit Förderung junger Architektur verbunden. Etwa im „Quartier Verts" an der

Donaustädter Erzherzog-Karl-Straße, schlecht übersetzt wohl das „Grünen-Viertel". Nicht nur Terrassen, Mietergärten und Laubengänge sollen dominieren, um dem „Grün-Titel" gerecht zu werden. Es sind besonders junge Architekten und junge Architekturbüros gefordert. Auflagen solcher Art helfen mit, frische Architekturkonzepte in die Tat umzusetzen und gleichzeitig der Architektenszene die notwendige Existenzgrundlage (nicht nur unter Arrivierten) zu geben.

Wien erfreut sich größter Beliebtheit, und das drückt sich in der steigenden Zahl der Zuwanderer aus. Wohnbaustadtrat Ludwig will die Zahl der in den vergangenen Jahren errichteten Wohnungen von 5000 auf 10.000 steigern. Gleichzeitig soll aber eine neu geregelte Finanzierung bei Sanierungen den Privathaus-Besitzern Anreize bieten. Beispielsweise sind im geförderten

Wohnbau bereits 70 Prozent der Wohnungen thermisch saniert, im privaten bloß 15 Prozent. Da gibt es also auch und besonders für die Privaten viel zu tun.

Wohnen im Gesamtkunstwerk Gemeindebau. Eine 100jährige Idee lebt weiter. Eine alte Idee mit großer Zukunft.

Wer, wie, wo

Informationen, Service, Quellen

Service rund um's (Gemeinde-) Wohnen in Wien

Telefonische Auskünfte und persönliche Beratung:

Montag bis Freitag 8 bis 17 Uhr
1010 Wien, Rathausstraße 2
Tel.: 01/4000-25900
E-Mail: mieterhilfe@wohnservice-wien.at

http://mieterhilfe.at/

Wohnservice Wien

Beratung und Information zu allen Wohnen-Themen: 1020 Wien, Taborstraße 1-3, Tel. 24 503-100, www.wohnservice-wien.at

- Wiener Wohnen

Hausverwaltung aller Wiener Gemeindebauten

Meldung von Schäden, Störungen, Problemen (0 bis 24 Uhr):

Service-Nummer 05 75 75 75

www.wienerwohnen.at

- Wohnbeihilfe

Wohnbauförderung und Schlichtungsstelle für wohnrechtliche Angelegenheiten (MA 50) Gruppe "Wohnbeihilfe", 19., Heiligenstädter Straße 31, Stiege 3, 2. Stock, Einlaufstelle Zimmer 227, Ebene 2 für Einreichungen aus den Bezirken 1.-15.

Telefon: (01) 40 00-74880

Fax: (01) 40 00-99-74896

- Information bei Delogierungsgefahr

MA 11 – Regionalstellen in jedem Bezirk

Servicetelefon: 4000-80 11

- Förderung für Wohnungssanierungen:

MA 50, 1190 Wien, Muthgasse 62

Tel. 4000-74860

- Sanierungsberatung für Hauseigentümer

wohnfonds_wien

Fonds für Wohnbau und Stadterneuerung

1082 Wien, Lenaugasse 10, Tel. 403 59 19-0

Neubau-Förderung

Antragstellung Neubau

MA 50, 1190 Wien, Muthgasse 62

Tel. 4000-74 844 – 74 852

- **Wohnpartner**

(ehemals: Gebietsbetreuung für Gemeindebauten)

MA 25, 1190 Wien, Muthgasse 62, Tel. 4000-25 000

- **Schlichtungsstelle**

Erste Anlaufstelle bei Schwierigkeiten oder Rechtsstreitigkeiten

zwischen MieterInnen und Hauseigentümern bzw. Hausverwal-

tung

MA 50 – Gruppe Schlichtungsstelle

1190 Wien, Muthgasse 62, Tel. 4000-74 510

Quellen und empfohlene Medien

Bramhas, Erich: Der Wiener Gemeindebau, Wien 1987.

Frei, Bruno: Skizzen vom Untergange, aus: Der Abend, Wien 1919.

Groner, Richard: Wien wie es war. Wien 1965.

Das große Groner-Wien-Lexikon/Felix Czeike. Wien, 1974.

Margaretner Museumsblätter, 1997/Heft 2

Petzold, Alfons: Das rauhe Leben, Berlin, 1920.

WEB Weblexikon der Wiener Sozialdemokratie

Weihsmann, Helmut: Das Rote Wien: sozialdemokratische Architektur und Kommunalpolitik 1919-1934, Wien 2002.

Winter, Max: Reportage „zum Bienenstock" Aus: Im dunkelsten Wien, Wien, Wien, 1904.

Wikipedia

CD: Music for the People. 100 Jahre Arbeiterkonzerte. Paul Gulda/Drach Quartett.

Danke!

Allen GesprächspartnerInnen für ihre Geduld und Offenheit. Den zahlreichen InformantInnen für guten Rat, Geheimtipps und viele viele Details.

Und vor allem meiner Partnerin und Ehefrau Andrea für Ermutigung und Unterstützung.